아재개그365

인싸가 되는
팡팡 아재개그365

초판 1쇄 2021년 09월 15일

지은이 김동일
발행인 김재홍
총괄 · 기획 전재진
디자인 김은주 현유주
마케팅 이연실

발행처 도서출판지식공감
등록번호 제2019-000164호
주소 서울특별시 영등포구 경인로82길 3-4 센터플러스 1117호(문래동1가)
전화 02-3141-2700
팩스 02-322-3089
홈페이지 www.bookdaum.com
이메일 bookon@daum.net

가격 15,000원
ISBN 979-11-5622-622-2 03190

인싸가 되는 팡팡 아재개그 365

지식공감

프롤로그

《와르르 아재개그》가 출간된 지 4년이 되어갑니다. 아재개그 2편은 출간하지 않으냐고 권유를 받았을 때 전 자신이 없었습니다. 왜냐하면, 유머는 머리를 싸매고 하루 한 개를 만들었다는 성취감과는 달리 난 또 다른 출발선에 선 단거리 주자처럼 새롭게 출발해야 했습니다.

내가 경험한 학문의 세계와는 너무 달랐습니다. 학문 세계는 노력한 만큼 보이고 쌓은 것을 기반으로 나아갑니다. 그러나 개그는 과거는 깡그리 걷어차고 완전히 백지에서 출발해야 합니다. 그러니 떼야 할 계급장도 없습니다. 과거에 화려한 유머를 만들었다는 배경은 도움은커녕 새로운 유머를 낳는 데 방해가 될 수 있었습니다.

창작의 고통을 겪어본 사람은 알 것입니다. 하얀 백지에 아들 유머 또는 딸 유머를 출산시키는 고통은 자신과 외로운 싸움입니다. 《아재개그》 1편에서 언급한 세대 간의 갈등 해소 역할은 계속해야 할 임무입니다. 대한민국의 가정에서 아버지와 아들이 깔깔 웃는 그 날이 오기를 고대합니다. 계속해서 직장에서 하루에 한 구절씩 음미하신 뒤에 일을 진행하신다면 훨씬 애사심 넘치는 분위기가 될 것입니다. 이런 임무들이 계속 요구되고 있는 한 저의 역할은 계속되어야 하기에 느낌을 놓지 못하고 지난 4년간 모아둔 아재개그를 선보입니다.

또한 여기에 수록된 아재개그는 다른 유머사이트나 책에서는 찾아볼 수 없는 순수하게 저자의 머리에서 나온 창의적 유머임을 밝혀둡니다. 물론 생각이 같아서 나올 가능성을 배제할 수 없으나 그런 부류는 1%가 넘지 않음을 확신합니다.

유머에도 그 수준차가 있다는 것을 잠시 소개합니다. 즉 문제 속에 많은 힌트가 내재한 것이 있으면 답하기가 쉬워집니다. 예를 들어서 동굴 안에서 목욕하면은? 이런 문제는 조합형 문제로 질문 속에 답이 있지요. 각 단어에서 하나씩 가져와서 붙여나가면 동목, 동욕, 굴목, 굴욕…. 이런 식으로 하여 후보를 선정합니다. 그중에서 굴욕이 여기서 재미있는 단어가 됩니다. 이것이 답입니다. 기계적으로도 이런 문제를 만들 수 있고 이런 유머에 웃는 분이 계시니 보람 있는 시도이지요. 고급으로 갈수록 힌트가 적고 서로 상관성이 없어 보입니다. '예를 들어서 꽃이 쓰러지면'은 이란 물음에서 직접적인 힌트도 없고 영어로 연결을 해야 하기에 추측하기가 쉽지 않습니다. 그러나 답을 추측해 낸다면 미소나 폭소를 유발할 가능성이 높습니다. 왜냐하면, 꽃다운이란 말이 존재하기 때문이지요. 그것도 '아름다운 뜻'

플러스 '쓰러지는 것'의 의미를 끌어내기 때문입니다.

가장 난이도가 높은 유머는 오랜 내공을 요구하는 문제입니다.

기계 고장 수리 시 겪는 가장 잔인한 일은? 애먹음. 이 문제는 질문과 답 사이에 많은 지식과 경험이 요구되는 문제입니다. 이런 종류의 문제의 답은 정말로 맞추기 어렵습니다.

그리고 또 하나 중요한 사실은 여기에 소개된 아재개그는 한 번에 추측하여 답이 나올 수 있는 문제는 5%밖에 되지 않습니다. 그런데도 답을 맞히려고 애쓰면 오히려 그것이 스트레스가 될 것입니다.

《와르르 아재개그》에 나오는 것은 난이도가 높은 유머입니다. 너무 쉬우면 싱거울 것 같아서 난이도를 높였습니다. 그래서 처음 읽으실 때는 답이 떠오르지 않습니다. 그러므로 너무 오래 생각지 마시고 답을 바로 보세요, 그리고 2번째 보실 때 장고하세요. 어떤 때는 4번, 5번 보아야 할 경우도 있습니다. 아재가 되는 길이 절대 만만치 않습니다.

2021. 08.

김동일

감사의 글

이 책의 사상적 뼈대는 기독교 세계관과 철학적 가치관을 근거합니다. 여기에 영감을 불어 넣게 하는 데 도움을 주신 미국 플로리다 올랜도 새길교회 전 담임목사님이신 이중수 목사님과 용인 하나교회 김성식 목사님께 감사드립니다.

이책이 나오기까지 물심양면으로 애써 준 전 연변과기대 교수였던 이승종 아우님 감사드립니다. 영원한 영적 친구이신 홍승기 목사님과 김명준 교수님, 황용기 목사님 그리고 안용권 목사님의 후원은 평생 갚을 수 없는 아가페 사랑이었음을 고백합니다. 더불어 우리의 꿈과 비전을 공유했던 연변과기대 김한수 교수님, 문현수 교수님, 이진민 교수님, 김기원 교수님, 김성신 교수님, 중국 장안대학교 장종학 교수님, 미국에 계시는 임형식 박사님께도 감사한 말씀 전합니다. 중국에서 《아재개그》 책을 보급하는데 힘써주신 한국서적판매 대표 김영선 사장님께도 감사드립니다. 부산대 기설과 동문 여러분께 무한한 감사의 말씀 올립니다. 개그 천재인 친구 노상훈 군의 창의적 영향력에 감사를 드립니다. 부산대 동그라미 13기 동기 여러분의 성원과,

함께할 수 있었음에 감사드립니다. 특별히 홀로 고군분투 하는 김진천 동지 감사합니다. 오랜 친구인 윤상수 공인회계사의 배려와 도움 감사드립니다. 피를 나눈 전우인 이상배 대표와 하월규 박사님의 묵묵한 지원 역시 큰 힘이 되었습니다. 깊은 감사 드립니다. 50년 만에 통화한 김판구 친구는 남북 이산가족 상봉에 버금가는 기쁨을 안겨준 친구였습니다. 춥고 배고플 때 도움을 준 은인입니다.

그러나 책 쓴다고 가족에게 민폐를 끼치고 있음에도 조용하게 조강지처로 내조한 목명순 사모와 놀라운 속도로 오타와 부정확한 표현을 바로잡아준 지인과 유머에 참신한 아이디어로 아빠를 놀라게 한 지아가 없었다면 이 책은 세상에 나오지 못했을 것입니다.

모든 분들께 감사의 말씀을 전합니다.

2021. 08.

김동일

차/례

생활 속의 개그

신(新)조삼모사

3650|재개그

생활 속의 개그

01

키가 작은 사람들이 원하는 식단 종류는?

2013년에 개봉한 〈호로비츠를 위하여〉라는 영화를 추천한다. 별로 인기는 없었지만 내가 본 영화 중에서는 다섯 손가락 안에 들 정도로 잘 만든 영화다. 특히 천재 피아니스트인 경민이 연주하는 라흐마니노프의 피아노 협주곡 제2번을 연주하는 장면은 압권이다. 수준이 못 따라가서 그렇지, 아주 잘 만든 영화고 특히 코로나 시대에 이런 영화 꼭 어울리는 영화다.

대중은 왜 아직도 음악에서는 소나타 형식을 가진 베토벤이나 모차르트를 찾고 미술에서는 고흐, 세잔, 모네를 좋아할까? 이는 현대미술과 음악이 고객과의 단절을 가져와서 자기만의 세계에 빠져버린 결과다. 대표적인 예가 음악에서는 John Cage가 미술에서는 피카소가 선도했다. 오늘은 John Cage 곡을 감상하시면서 현대음악의 진수를 맛보는 게 어떤가? 그러나 실망하실 준비를 해야 한다.

클래식

우리나라에만 있는 산은?

산이 많은 우리나라, 감사해 본 적이 있는가?

생각이 짧았던 젊은 시절에는 산지가 80%인 현실에 대하여 그렇지 않아도 좁은 나라인데 거기서 20%밖에 사용할 수 없는 국토를 석유 한 방울 나지 않는 나라라며 신으로부터 저주를 받은 게 아닌가 싶어 약소국의 서러운 현실로 받아들였다.

그러나 미국으로 유학 간 후에 5년 동안 플로리다에서 산을 구경하지 못한 처지로 지내다가 캘리포니아 산이 눈앞에 나타나자 나는 벅찬 감격과 고향에 대한 향수로 가슴을 적셨다.

아! 고향에 있는 동산을 본 듯 캘리포니아 산은 애잔하게 나의 눈시울을 적셨다. 난 비행기에서 내려서 처음으로 플로리다 땅을 밟는 순간 막힘없이 탁 트인 시야를 관통하는 이 땅을 보고 마치 감옥에서 출소한 죄수가 된 느낌이었다. 군사문화와 수직적 상하 관계만 존재하는 그 땅은 마치 산으로 둘러싸인 국토가 답답한 독재문화를 대변하고 있는 것 같았다. 나는 천편일률(千篇一律)적 군기 잡는 명령이나 호령을 극도로 싫어하는 성격으로, 고등학교 두발(頭髮) 단속에 단골손님이었다. 내 머리에는 툭하면 바리캉(이발기)이 지나간 흔적으로 1차선 도로가 지나가고 있었다. 그때는 학생 신분이었으니 체육 선생님으로부터 일방적으로 당할 수밖에 없었다.

두발(頭髮) 단속 숨바꼭질 게임은 성인이 되어도 계속되었다. ○○전자 기사로 입사해 보니 난 직장예비군에 편성되어 정기적인 훈련에 참여해야 했다. 하루는 회사 버스로 훈련장으로 가는 도중이었다. 그런데 헐레벌떡 현장 현장 근로자 중 한 명이 버스에 올라 통로 쪽으로 걸어 들어오고 있었다. 이를 본 예비군 중대장이 그의 걸음을 멈추라고 손짓했다. 그가 걸음을 멈추자마자 인정사정 없이 군홧발로 그의 가슴을 걷어찼는데, 그는 가슴을 안고 쓰러졌다. 그 이유가 충격적이었다. 허리띠를 예비군 허리띠 대신에 사제 일반 허리띠를 매고 있다고 그렇게 많은 사람이 보는 앞에서 굴욕적인 폭력을 행사하였다. 그러나 버스에 타고 있는 다른 예비군들 가운데 항의나 저항하는 사람은 아무도 없었다. 우리는 이미 군사 독재 문화에 익숙해져 있었다.

그로부터 2주 후에 예비군 동원 훈련 중 사격 훈련이 있었다. 예비군 중대장은 머리를 스님처럼 짧게 깎고 오라고 했다. 난 보기가 흉하지 않게 이발소에서 깎고 오후 훈련에 참석하였다. 그런데 나를 제외하고 모두가 스님이 되어서 나타났다. 참으로 어이가 없었다. 군사 독재의 그림자가 드리워져 있음을 절감하였다.

이윽고 내 차례가 되었다. 근래 보기 드물게 짧게 깎은 머리를 보여주기 위하여 예비군 모자를 벗었다. 하지만 불합격이라고 큰소리로 외치며 총을 지급조차도 하지 않고 오토바이를 타고 어디론가 사라졌다. 그런 사이에 난 무기고를 담당하는 분께 총을 달라고 했다. 평소 서로 안면이 있는 분인지라 두말없이 총을 내어주셨다.

한 10분이 지나자 오토바이 굉음과 함께 중대장이 나타났다. 그는 한가운데 서 있는 나를 보자 총을 빼앗아 무기고 담당자에 건네주었다. 난 열 받기 시작했다. 그리고 강력하게 항의하기 시작했다.

"훈련을 못 받게 하는 이유가 뭡니까?"

중대장은 머리가 너무 길다고 하였다. 그러자 난 예비군법 제 몇 조 몇 항에 머리카락이 길면 훈련을 받지 못한다고 나와 있냐고 소리쳤다.

"예비군에는 그런 게 없지."

"그럼 왜 훈련 못 받게 합니까?"

난 다그치듯이 물었다.

"그건 회사의 규정이지."

그러자 나는 용광로처럼 더는 보이는 것이 없었다. 내 눈에 그가 더는 중대장이 아니라 갑질 상사로 보였다. 버스에 발길질 당하는 현장 근로자를 떠올리며 그 순간 외쳤다.

“당신이 내 직속 상관이야? 당신은 예비군 훈련만 시키면 되지 왜 월권하는 거야.”

난 악을 쓰며 삿대질까지 하였다. 중대장도 열을 받았다.

“뭐 이 xx가!”

난 그의 욕 섞인 말투에 격분하며 “뭐 이 xx? 좋다, 한번 해보자.”라는 말과 함께 와락 중대장에게 달려들었다. 그 당시 내 나이 28, 중대장은 35 정도 되었을 것이다. 당시 동원예비군이 20여 명 정도 있었다. 그들이 말리는 힘에 눌려 제대로 싸워보지도 못하고 그날 훈련은 끝나버렸다. 그리고 독하기로 소문난 동원훈련은 아주 부드러워졌다고 한다. 낮은 포복과 원산폭격이 없어졌다고 한다.

이후 난 유학을 위해서 사표를 던지고 미국으로 향했다. 오랜 해외 생활로 고국의 부정적인 일들도 이제는 긍정의 가슴으로 품을 수 있고, 이해를 할 수 있게 되었다.

이제 겹겹이 둘러쳐진 이 땅의 산들도 더이상 내게 군사독재의 답답함을 떠올리게 하지 않는다. 그렇다고 일부러 산을 찾아다니며 군사문화를 찬양하는 것은 아니다.

하지만 산이 없던 플로리다 샘물에 석회가 가득했던 것을 떠올리면, 산으로 둘러싸인 대한민국 금수강산의 천혜의 환경과 비교하게 된다. 그 산들로 인하여 맑고 깨끗한 물이 졸졸 흘러나오는 자연의 신비에 감탄사가 절로 나온다.

국산

장성의 부인은?

장성의 부인이란 어떠한 권세를 가지고 있을까? 우선 이 여인들의 서열은 곧 자신의 남편인 장군의 서열이다.

하지만 막상 장군의 부인과 제일 많이 부딪히는 보직은 당번병이다. 영어로는 CP(Command Post)라고 하여 전시상황에서 통신 보안 담당을 하지만, 그런 긴급한 상황은 거의 드물기에 평상시에는 보통 비서업무인 차 대접과 요리하기, 운전을 주로 한다.

그렇다 보니 장성의 부인과 자주 접촉하게 되고, 여기에서 발생하는 병폐가 바로 당번병의 사유화로 인해 온당치 못한 일에 당번병이 노역하는 상황이다. 예를 들면 장군 자녀들의 개인지도 같은 것인데, 자녀의 교육에 혈안 된 장군의 부인에 의하여 시작된다. 대표적인 사건으로 박○○ 대장 부인은 요리를 잘못한다는 이유로 부엌칼로 당번병을 위협하기까지 했다고 한다.

이러한 당번병은 일류대학 출신과 지역 안배까지 고려한다고 한다. 자녀교육의 중요성을 챙기는 장성의 부인은 당연히 일류대 출신을 요구한다. 하지만 만약 눈치가 빠른 병사를 요구할 경우에는 오히려 일류대 출신이 부적격일 수도 있을 것이다.

이렇듯 상황과 요청사항에 맞는 적절한 당번병 인사가 곧 인사 책임자가 장성 부인의 눈에 들 수 있는 중요한 일이 되다 보니, 당번병의 신원조회는 일반 장교를 뺨칠 정도로 엄격하다고 한다. 육군본부 인사과의 컨넥션은 자신의 커리어에 결정적 영향을 미칠 수 있기에 당번병 인사에 부적절 한 개입을 하게 된다.

이처럼 장성의 부인으로서 비공식적 권세를 갖기도 하지만, 동시에 남편이 장성으로서 책임이 큰 만큼, 부인 역시 그에 걸맞는 내조와 품위가 요구될 것이다. 그들에게는 더욱 건강하고 건설적인 사회참여를 할 수 있는 교육과 프로그램 활동이 요구된다.

남편이 일로 조국에 봉사한다면 장군의 부인은 그에 걸맞게 사회에 봉사와 헌신을 할 수 있는 제도적 과정의 정착이 필요하다.

별주부

공이 제일 많은 나라는?

차범근 선수를 개인적으로 만난 적은 없다.

그러나 개인적으로 차범근 선수의 위력과 경험을 이곳에서 나누어 보고자 한다.

1985년, 난 그 당시 금성사(현 LG)에서 산 수백 억짜리 설비를 검수하는 자격 및 기술연수로 인하여 독일 프랑크푸르트 근처에 있는 최고의 첨단설비를 제작하는 독일회사에 홀로 파견되었다. 이를 기회 삼아 주말 휴일을 이용하여 프랑스와 스위스를 오가며 마음껏 유럽의 진수를 감상하고 누렸다.

축구를 좋아하는 난 프랑크푸르트 경기장에서 분데스리가를 관람하였다. 1985년만 해도 특권층이나 공식적인 용무를 지닌 사람만이 해외에 나갈 수 있었다. 그 당시는 우리나라에서 외화 사용을 정부차원으로 단속하던 시절인지라 해외여행은 개인적으로 할 수 없었던 상황에서 분데리스가를 구경한다는 건 귀중한 기회였다.

그날은 프랑크푸르트의 홈경기가 있었다. 푸른 잔디와 넓은 스타디움을 갖춘 독일은 이미 축구에 있어서 최고 정상을 누릴 수 있는 인프라를 가지고 있었다.

한 가지 특이한 점은 극성 훌리건들과 충돌을 피하고자 응원단 사이에 커다란 콘크리트 벽이 있었던 것이다. 그러나 가장 아쉬웠던 일은 차범근 선수가 이미 프랑크푸르트를 떠나 레버쿠젠으로 이적하여서 그의 얼굴을 볼 수 없었다는 사실이었.

요즘이야 젊은이들이 런던도 마음대로 가서 프리미어리그를 마음대로 보기도 하지만 그 당시로는 개인적인 해외여행이 허락되지 않은 시절이라서 축구를 보기는 쉽지 않은 일이었다.

유럽은 국경을 통과하는 열차는 참으로 신기했다. 독일을 지나 스위스 바젤에 오자 독일 역무원과 군인은 다 내리고 이번에는 스위스 역무원과 군인(경찰)이 다가왔다. 스위스 군인은 신분증 제시를 요구했고 돈 가진 것 있으면 보여달라고 했다. 난 옆자리에서 탄 스위스 취리히 출신인 청년에게 "신분증 제시는 이해하지만 왜 돈을 달라고 하느냐?"라고 불쾌한 표정으로 물었다. 그러자 그의 말인즉슨, 요즈음 동남아에서 불법으로 입국하는 사람들이 많아서 돌려보내려면 스위스 정부가 비용을 부담해야 하기에 국경에서 미리 차단한다고 했다. 난 그래서 지금도 스위스를 좋아하지 않는다. 이기적인 나라라는 인상이 지워지지 않아서이다.

스위스를 관광하고 돌아오는 열차 안에서 난 독일 청년 3명과 대화를 할 기회가 있었다. 난 그들에게 1988년 올림픽이 어느 나라에서 열리는지 아냐고 물었다. 세 명 다 졸린 눈으로 관심 없다는 표정을 지으며 모른다고 하더니 잠을 자는 시늉을 하였다. 난 독일 국민이 이렇게 무식할 수가 있나 싶었다.

그런데 차붐을 아느냐고 물었더니 졸고 있는 세 녀석이 동시에 눈을 번쩍 뜨면서 너 한국에서 왔느냐고 되물었다. 그리고 바싹 몸을 붙이면서 차범근을 모르면 독일에서 간첩이라고 하면서 모든 독일 사람들의 우상이라고 하였다. 차붐의 인기를 체득하면서 차범근 선수 한 명이 외교관 수백 명 역할을 하고 있음을 절감하였다.

그 일이 있은 후 14년이 지난 1999년에 차범근 감독은 중국 심천 평안팀 감독으로 연변 노동팀과의 슈퍼리그 경기를 위해 연길에 왔는데, 그는 평소 개인적 친분이 있던 우리 대학의 교양학부 이승종 교수 집에서 머물며 방송과 신문에서 들을 수 없었던 이야기를 이승종 교수에게 했다. 그의 이야기가 얼마나 진지하고 길었던지 자정을 넘겨 새벽까지 이어졌다고 한다.

그 뒤 그 이승종 교수가 미국으로 선교사의 길을 오르면서 그의 집은 내가 거주하는 집이 되었으니, 차범근 감독이 우리 집에 머물다

갔다는 억지 주장을 해본다.

지금도 주인인 나를 기다리고 있는 집….

나와 차범근 감독은 묘한 인연으로 엮여 있다. 아래 사진은 페이스북에서 나의 스토리가 공개되자 미국에 거주하는 이승종 교수가 내가 이사 들기 전 현재 우리 집에서 차범근 감독과 찍은 사진이다. 코로나로 집에 못 가고 있는 상황이라 차범근 감독이 방문한 집이 그립다.

남아공

상속을 어마어마하게 받은 오리는?

상속과 복권의 공통점은 자신이 땀을 흘리지 않고 돈을 손아귀에 쥐는 것이다. 그런데 이런 종류의 돈을 인간들은 갈망하고 땀 흘리기를 싫어한다. 이것의 원리와 정신은 『성경』 「창세기」 3장에 등장한다. 인간이 하나님의 명령을 어기고 선악과를 먹음으로써 인간은 평생 사는 동안에 땀을 흘려 일을 해야 정상적인 삶을 누릴 수 있도록 지음을 받았다.

그런데 자유 의지를 가진 인간은 땀 대신에 행운을 선택하기를 더 좋아한다. 이것이 불행과 고통의 시작인 줄 모르고 신이 나도록 이런 도박을 즐기다가 육신과 정신이 부패한 상태로 죽음을 맞이한다.

참으로 다행스러운 것은 이런 행운을 누린 자가 확률적으로 적어서 이 땅은 타락하지 않고 그래도 어느 정도 질서와 양심과 도덕에 기초하여 살아간다는 점이다.

만약 우리가 사는 땅에 오만 원짜리 지폐가 눈송이처럼 떨어져 사람들 손에 수백 억 현금이 쥐어진다면 어떤 일이 벌어질까. 물론 물가가 올라가겠지만, 여기서 물가는 그대로라고 가정하면 사람들은 무엇을 할까? 아마도 대부분의 사람은 다니던 직장을 때려치울 것이다. 그리고 먼저 관광도 크루즈 같은 국경을 넘나드는 관광 호화여객선을 타고 다닐 것이다.

그러나 인간은 땀을 흘리지 않으면 타락하게 된다. 마약과 매춘이 도시마다 일어날 것이고 세상은 소돔과 고모라처럼 변해갈 것이다. 사랑 대신에 증오와 반목이 급증하여 세상은 혼란과 혼돈 속으로 빠져들고, 살인 약탈 방화가 휩쓸 것이다.

결핍으로 인해 인간 사회에는 폭동이 발생하기도 하지만, 풍족 또한 사회적인 문제를 일으킨다. 물리적인 결핍, 배고픔이나 부족은 그것을 채워주면 되지만, 타락에 의한 결과로 나타나는 불경건함은 걷잡을 수 없는 자아의 붕괴와 사회의 몰락을 가져온다. 우린 역사를 통하여 물질적 풍요와 시간적 여유를 누렸던 로마가 무너진 과거를 잘 알고 있다. 하지만, 오늘날 선진국이라고 자처하는 미국이나 유럽에서 이런 일이 반복하여서 일어나는 것을 보면, 인간은 역사를 통하여 교훈을 얻지 못하는 타락한 본성을 가진 동물임을 확인할 수 있다.

부모덕

코로나 수칙을 지키지 않은 어머니와 아들을 다른 말로 하면?

코로나 방역수칙의 두 가지 핵심수칙은 마스크와 거리 두기이다. 그중에서도 마스크 쓰기는 필수적이다. 금 모으기 경험이 있는 우리 국민들은 이른바 K-방역이라는 미명 아래서 다른 선진국에 비하여 일간 확진자가 비교도 안 될 정도로 낮은 수로 통제하여 왔다.

물론 여기에 일등 공신은 의료진이다. 끝을 알 수 없는 업무의 과중함으로 지친 그들의 심신에는 날이 갈수록 피로가 누적되어가고 있다. 최근에는 델타 바이러스에다 델타 플러스까지 바이러스가 자신의 유전자를 바꾸어가며 발전해가는데, 인간이 만든 백신과 치료제는 한낱 미물인 바이러스의 진화를 따라가기에도 바쁘다.

코로나를 맞이해, 우리 시대의 정치, 경제, 사회, 문화 모든 영역에서 새로운 모습으로 살아가게 될 것이다. 우리는 이에 미리 대비

해야 한다.

어쩌면 코로나 창궐 이전 모습으로 살아가기란 불가능할 지도 모른다. 사람들 간의 비대면이 생활화되면서, 가족을 제외한 타인과의 벽은 더욱 높아지고 점점 거리는 멀어질 것이다. 사이버공간이 주 무대가 될 것이고, 컴퓨터 간의 네트워크는 초고속을 넘어서 울트라하이웨이 속도를 요구하게 되었다. 실제로 가상현실을 자신의 컴퓨터가 아닌 상대방 컴퓨터에서 이루어지도록 할 뿐 아니라 증강현실 쪽도 더욱 발전하여 그래픽과 이미지처리 동영상의 플랫폼들 간 경쟁이 치열해졌다. 그야말로 네트워크의 프로토콜을 선점하려는 국가 간, 회사 간 전쟁은 공룡이 나타나서 통일을 할 때까지 계속될 것이다. 당분간 현실과 가상의 격차는 코로나에 의해 더욱더 빠르게 줄어들 것이다.

우린 코로나가 항상 모든 방면에 나쁜 소식만 전할 것이라고 여기지 않는다. 어떤 방향으로 나아갈 것인가는 순전히 소비자의 요구와 그 요구를 불러일으키게 할 아이디어 싸움에 달렸다. 우리의 교육이 전통방식을 버리고 창의성을 더욱더 자극할 것이다.

밀짚모자

적도지방에 화가가 많이 출생하는 이유는?

모네는 인상파를 대표하는 화가로서 그의 그림은 빛의 변화로 바뀌는 자연을 화폭에 담기 위해서 하루 종일 정원에 앉아서 연못 속의 물고기를 관찰했다. 또한, 거센 파도를 관찰하기 위해서 폭풍우 치는 밤에 그림 도구를 비바람 치는 밤에 미친 사람처럼 우뚝 서서 밤이 새도록 관찰했다고 한다.

또한, 완벽주의자라서 자주 완성된 그림을 찢어버렸다. 마네 그림이 경매가로 1,000억이라고 하니 찢어버리기 전에 내가 옆에 있었더라면 팔자 고치는 건데 아쉽다.

모네의 일상은 밤샘한 날을 제외하고는 아침 일찍 기상하여 강변을 산책하고 화실로 출근하였다. 그는 완벽주의자로서 자신의 삶이 길지 않음을 알았는지 늘 쫓기듯 그림을 그렸다.

이른바 배수진을 치고 그림을 그렸는데 자신의 재능에 대하여 한탄하고 얼마 남지 않은 살아있는 순간에 대작을 남겨야 한다는 강박관념에 시달렸다. 그런 그가 자신의 작품을 찢는 순간의 고통은 범인은 이해 가기 힘들다. 1,000억은 상징적으로 그 가치를 말해주고 있다.

화가 난 적도 있기 때문에

(이상 내용은 이중수 목사님의 특강에서 발췌함)

동물원 원숭이가 세숫대야 10개로 샤워하는 이유는?

대한민국은 더는 사계절이 뚜렷한 온대 지방이 아니다. 어느 순간부터 제주도에서 아열대에서 잡히는 물고기가 노획되고 한대지방에서 잡히는 명태나 청어 등은 더는 남한 동해안에서 잡히지 않는다. 조선 말기 일제강점기 시기에는 북한 어부들이 한류성 물고기를 팔기 위해서 남쪽으로 내려와서 쌀과 교환해 갔다는 이야기를 본인의 할머니 편으로 들을 수 있었다.

물론 해방 이후 정치적인 이유로 남과 북이 분리되면서 우리 식탁에는 북한산 청어나 명태가 올라오지 못했지만, 1981년까지 10만 톤에 해당하는 명태가 남한의 바다에서 잡혔다. 그러나 90년대에 6천 톤, 그리고 2007년에 1톤이 잡혔다가 2008년부터는 한 마리도 잡히지 않아서 수입산 명태로 대체되었다. 그 대부분은 러시아산이었다. 그래서 우리나라가 아열대 기후에 접어들었던 시점을 명태 수확량에 기초하여 대략 2008년도로 추정해 볼 수 있다.

이에 비하여 본인이 거주한 연변지역은 1995년 처음으로 도착하였을 무렵은 봄이나 가을은 제대로 느껴보지 못했다. 그리고 7월 하순~8월 중순은 견디기 힘든 더위가 이어지더니 9월 초에 눈이 왔다. 그러더니 갑자기 추워지고 10월부터는 창문이 얼어서 열 수 없었다. 창문은 4월이나 되어야 열렸지만 6월에도 내복을 입어야 하는 겨울이 계속되었다. 한마디로 하면 겨울과 여름 단 두 가지 계절만 존재하였다.

그러나 대한민국이 아열대가 되어가면서 봄과 가을이 짧아지고 여름과 겨울이 뚜렷해짐과 달리, 연변지역은 언제부터인가 사계절이 뚜렷해져서 이곳도 단풍관광이란 새로운 용어가 생겨나기 시작했다. 자연 속에서 이미 사계절 타이틀은 간도 땅으로 넘어가고 있었다.

열대야이니까

무력 진압을 많이 하는 주는?

1988년 겨울에 남부 플로리다를 여행하고 있었다. 아이스크림도 낚아채는 사나운 마이애미 갈매기하고 노닥거릴 틈이 없이 마이애미를 스쳐 지나왔다. 나와 아내의 목적지는 키웨스트였으니까.

영어 전공을 한 아내가 헤밍웨이 집에는 꼭 가봐야 한다고 주장했다. 키웨스트는 마이애미에서 200km 떨어진 미국의 최남단 도시다. 정말로 죽기 전에 꼭 가보고 싶은 곳을 꼽으라면 40개 섬이 징검다리처럼 펼쳐진 곳을 다리로 연결한 지상최대의 쇼를 보는 것 같은 바로 이 장소다. 그중에서 가장 긴 다리가 11.2km에 해당하는 Seven Mile Bridge다. 영종도가 4.3km이니 대강 짐작이 갈 터이다. 360도가 온통 바다인 한복판에서 마치 모세의 기적을 체험하는 것 같았다.

40개의 섬을 지나는 드라이브 코스를 직접 운전해 보면 환상적이다. 이런 길을 4시간 운전하여 키웨스트에 도착하면 헤밍웨이의 생가가 나온다. 『노인과 바다』라는 소설을 그저 들어나 본 나와 영문학을 전공한 아내는 감상 기준이 달랐다. 난 웬 고양이가 이리도 많냐고 투덜댔지만, 아내는 스페인풍의 도시와 『노인과 바다』를 탄생시킨 배경을 알려고 애를 썼다.

다음날은 배를 타고 1시간 정도 나가서 다시 배 밑창이 유리된 배를 타고 나가 이름도 알 수 없는 물고기를 구경했다. 그러나 뱃멀미를 하는 사람에게는 권하지 않는다. 돌아오는 길은 헛구역질로 지옥 같은 관광이었다. 물가가 워낙 비싼 곳이라 당연히 렌터카는 플로리다 대도시(잭슨빌, 템파, 올란도, 마이애미)에서 빌리는 게 좋다.

플로리다 고속도로는 북부 여러 주에서 탤러해시를 거쳐 내려오는 I75 고속도로가 있다. 이 도로로 탬파와 올란도에 이른다. 그리고 마지막으로 마이애미에 이르게 된다. I95는 동부 뉴저지에서 잭슨빌을 지나 마이애미까지 오는 고속도로다. 이 도로와 나란히 신호등이 있는 US1 도로도 기억해야 할 도로다. 미국 도로는 남북이 발달해 있는데 특별하게 플로리다는 심한 편이다.

조지아주

치과 의사인 동생이 형을 치료할 때 하는 말은?

옛날부터 건강한 치아를 가진 자는 복되다 하는 말이 새삼 실감난다. 본인은 어려서부터 건강하지 못한 치아를 가진 유전적 결함으로 인하여 고생했다. 문제는 우리 시대에는 양치질이란 낯선 용어였고 성인이 될 때까지 치아 관리를 한 적이 없었다는 점이다. 지금이야 치실, 치간칫솔 같은 치아 관리용 기구들이 있어서 대부분 건강한 치아를 가지고 있지만 말이다.

난 유학을 통하여 치아에 관심을 가질 수밖에 없는 환경에 놓이게 되었다. 박사 과정을 시작하면서 나에게 주어진 과제가 바로 치과대학과 함께하는 연구 프로젝트였다. 연구 목표는 심장 수술의 부작용으로 잇몸의 부피가 변화하는데 그 정도 차이를 수치로 나타내는 것이었다, 연구실에 있는 레이저를 이용하여 3차원 정보를 받아서 잇몸의 부피 차이를 계산하는 프로젝트였다. 그러나 레이저는 잇몸과 치아를 전혀 구분하지 못하기 때문에 영상처리나 컴퓨터 비전 기술을 이용하여 먼저 찾아와 잇몸을 구분하는 작업이 선행되어야 했다.

그러던 어느 날 같은 치주학과에 소속된 교수님이 나를 찾아오셨다. 그리고 자신은 Angelo Mariotti라고 소개하시면서 연구 프로젝트를 수행하기 위하여 잇몸이 손상된 환자를 찾고 있는데 검사와 치료에 응하여 줄 수 있느냐고 물었다. 난 좀 생각해보고 답을 주겠다고 했다.

처음에는 내가 환자이고 아주 상태가 심각한 환자라는 점이 별로 기분 좋은 일은 아니었다. 그러나 치료비만 수천만 원 든다는 잇몸 수술을 무료로 받을 수 있다는 것은 행운이 넝쿨째로 굴러들어오던 것이다. 나는 그 수술에 동의했고 그로부터 1년 동안 전후좌우를 사 등분하여 한 파트에 3개월씩 모두 12개월 걸리는 잇몸 수술이라는 대장정이 시작되었다. 물론 마취는 하고 시작했지만, Deep Scaling과는 비교가 안 되는, 마치 잇몸을 들어내는 것 같은 대수술이 시작된 것이다.

처음 4주는 너무 힘이 들어서 자주 쉬어가면서 했지만, 나머지는 갈수록 적응하여 잘 마무리할 수 있었다.

그러나 어려움도 있었다. 적은 설탕이라도 단 것은 절대로 입에도 대지 말라고 했다. 그러나 사람이 어찌 단 것을 멀리하고 살 수 있겠는가? 어느 날 난 피자를 먹으면서 콜라를 마음껏 마셨다. 콜라를

한 달 정도 마신 후에 치과대학 연구실에 치료차 들렀다.

그러나 Mariotti 교수님은 입안을 보시더니 비명을 지르셨다. 도대체 무엇을 먹었냐고 소리치셨다. 임상실험 환자라고 해야 몇 명 되지도 않는데 이런 일이 생길 거라고는 상상도 못 하신 것 같았다. 난 먼저 사과부터 하고 앞으로는 절대로 콜라를 마시지 않겠다고 다짐한 후 일정을 조금 늦추는 것으로 하여 문제를 해결하였다.

이탈리아계 미국인이라서 그런지 정감 넘치는 표정과 제스처에 미소와 함께 늘 낙천적인 모습으로 일하시는 Mariotti 교수님이 그립다. 아직도 플로리다 대학에서 근무하고 계신다는 사실을 인터넷으로 확인하였다. 차후 미국 방문시에 꼭 찾아뵙고 싶은 분이다.

형무소

아버지가 한 달 동안 샤워를 하지 않으면?

농사일은 기본적으로 체력과 힘을 바탕으로 하는 직업이다. 그러나 아버님은 그런 일에 적합하지 않게 태어나셨다. 그래서 농사일만 시작하시면 짜증을 내셨다. 아버님은 사람들과 함께하시는 것을 좋아하셨는데, 특히 친구와 어울려서 지내는 일을 좋아하셨다. 즉 가무나 음주가 있는 곳, 신선놀음에 도낏자루 썩는 곳이면 그곳이 낙원이요, 천국이었다. 어머니와 함께 논을 매시다가도 친구가 지나가면 불러서 해가 질 때까지 담소하는 일이 다반사였다.

근본적으로 자신이 직업을 선택하신 일이 아니었다. 할아버지께서 연로하셔서 그 당시 시청공무원으로 계시다가 하는 수 없이 장남인 죄로 인하여 고향으로 내려와야 하는 처지라서 농사일을 억지로 해야 하는 상황이었다. 당장 옆집 아저씨와 손을 비교해보아도 아버님 손은 작고 가냘프셨다.

모든 일이 힘에 부치고 벅차니 자연스럽게 짜증이 날 수밖에 없으셨다. 자식을 공부시킨다고 다 도시로 보낸 상태였고, 형님은 대학 졸업 후 공무원 시험 준비한다고 고향 빈집에서 두문불출하면서 독립된 삶을 살고 있어서 아들이 둘이 있어도 농사일에는 별로 도움이 되지 못했다.

그런 아버님께서는 아들을 편애하셨고, 아들 중에서는 장남인 형보다 나를 더 좋아하셨다. 그리도 좋아하던 아들이 미국 유학을 간 뒤에 보고 싶음을 달래기 위해 부채 손잡이에 아들 이름을 적어두고 그리움을 새기곤 하실 정도였다.

아내와 난 캠퍼스 커플로, 아내는 미모와 실력을 갖춘 1등 신붓감이었다. 그런 딸을 가진 부모가 사윗감으로 나를 마음에 들어 할 리가 없었다. 그래서 그런지 사범대학 영어교육과를 다니던 딸 졸업식 날 참석하신 장인어른께서 인사도 받지 않으셨다. 기껏해야 대기업 엔지니어가 될 사람이니 사윗감으로 나의 스펙이 미진했다.

그러나 어쩌랴 딸이 좋다는데…. 그리하여 내가 28살이던 해에 아내(25살)와 결혼하였다. 그야말로 낙랑공주와 온달장군 커플이 탄생하였다.

아내는 자존심이 강한 여자였다. 부부 싸움을 아무리 심하게 해도 친정에 절대로 전화하지 않았다. 집안에서 유일하게 연애결혼을 하였기 때문이다. 그리고 우리 부부는 열심히 살았고, 포항공대에서 박사학위를 받고 중국 대학에서 교수가 되던 날, 20년이 걸린 온달장군 프로젝트는 막을 내렸다. 물론 나의 아내는 용의주도한 사람이 아니라 정반대이다. 보이지 않는 손에 몸을 맡긴 결과라고 이야기 한다.

어쨌든 지금은 남편의 스펙이 너무 과해서 단속해야겠다고 미소 짓는다. 20년 앞을 내다보고 남편을 성공시킨 비결은 바로 이 시대에 절대적으로 필요한 오래 참는 사랑인 것이다. 20년을 기다린 길고 긴 여정의 열매는 맛이 참으로 달콤하다.

결혼생활이 행복하려면 상대방이 무엇을 좋아하고 싫어하는지, 그리고 장단점을 알아가고 상대방의 인격적인 성숙을 위하여 끝없이 배우는 삶을 살아가야 한다. 조상의 슬기가 담긴 단어 배우자라는 말이 예사롭지 않다. 끊임없이 탐구해야 할 대상인 배우자를 음미해 보자. 배우자인 아내나 남편을 배워가는 삶을 사는 것이 바로 행복의 열쇠이다.

며칠 전에 〈블루라이트 요코하마〉라는 일본 노래를 유튜브를 통하여 우연히 발견하였다. 노래를 좋아하시고 일본어에 능통하신 아버님이 생각나서 나도 몰래 눈물이 볼에 흘러내렸다. 아버님이 미치도록 그리워 목놓아 울었다. 그리고 아버지와 함께한 순간이 그리워서 눈물이 앞을 가리면서 주마등처럼 지나갔다.

부드러워짐

피파에 회장이 두 명 나타나
둘로 나누어지면?

월드컵과 올림픽은 2년간의 터울이 있어서 각 나라 축구협회나 축구선수들에게 준비할 수 있는 시간을 주었다. 그러나 올해는 상황이 다르다. 코로나-19가 온 세계를 벌집 쑤시듯 엉망으로 만들어 놓았다. 그중에서도 가장 심각한 타격은 관중 없이 시합해야 하는 무관중 경기나 제한적 무관중 경기였다. 무관중 경기는 말 그대로 관중 없이 진행되는 방식이고, 제한적 무관중 경기는 아주 소수의 관중만 출입이 허용되는 경기 운영 방식이다. 제한적 관중 경기가 주를 이루다 보니 각 구단의 재정이 악화되고 관심도도 떨어지게 되었다.

운동경기에서 관중, 이른바 팬은 모든 운동경기가 있게 하는 핵심적인 소스이고 근본적인 요소이다. 관중은 직접 경기를 보면서 삶이 가져오는 여러 가지 스트레스를 경기장 참여를 통하여 풀고 있었는데, 못 모이게 하는 바이러스로 인한 인류의 피해는 천문학적인 수치를 기록하고 있다. 수많은 축구 구단이 적자재정은 물론이고 선수 역시 그들의 몸값이 후려 처지는 시장에서 신음하고 괴로워하는 결과, 사기는 떨어지고 구단 운영은 어려워지고 있다.

여기서 가장 큰 문제는 이러한 현상이 일시적이고 한시적인 현상이 아닌 어쩌면 비대면 관중으로 경기를 보아야 하고, 결코 나아질 것 같지 않은 현실이 우리를 더욱더 슬프게 한다는 점이다. 즉 변이바이러스 출현으로 더욱더 강력해진 전파속도로 인하여 전 세계가 교통통신의 발달로 접촉이 일일생활권 내에 들자 인도나 아프리카 지역에서 발생한 변이바이러스가 유럽과 미국에 아주 빠른 속도로 감염되는 현상을 우리는 경험하고 있다. 일부 유럽국가는 방역을 포기하고 대면경기를 시도하고 있으나 그 결과는 예측하기 힘들다. 전문가들도 의견이 달라서 혼란만 가중시키고 있다. 위드 코로나가 과연어떤 결말을 가지고 올지 궁금하다.

이웃 일본은 올림픽 개최지로 결정되는 감격과 달리 일본 국민들은 올림픽을 보이콧 해야 한다고 주장했지만, 아베를 이은 스가 내각은 올림픽을 통하여 일본의 위상을 부각하게 시키려고 무리하게 올림픽을 감행했고, 상상할 수 없는 금액의 적자를 볼 것으로 예상된다.

인류가 하나님의 경고를 무시하고 바벨탑을 쌓아 올린 결과일까? 인류가 이 문제를 어떻게 풀 수 있을 것인지 코로나 이전의 시절이 아득하게 느껴진다.

피장파장

병력 지원을 3자로 하면?

부마사태 이후 박정희 대통령의 서거와 함께 군인들의 계엄령이 발동되는 와중에 전두환과 노태우가 일으킨 12.12쿠데타가 있었지만, 난 그때 정보가 차단된 군 생활을 하고 있어서 왜 계엄사령관이 부하들에게 끌려갔는지 알 수 없었다. 1980년 9월에 만기 제대한 난 학교에 복학하기 위해서 학과장 교수님을 찾아갔다.

사인을 하려고 서류에 적힌 내 이름을 보시더니, 너 그동안 어디에 있었냐고 물으셨다. "군대 갔다가 복학하려고 합니다."라고 했더니 넌 참 운이 억세게 좋다고 하시고, 어떤 군대에 다녀왔냐고 물으셔서 전투 경찰이라고 했더니 파안대소하시며 너 참 억세게 재수 좋은 녀석이라고 하셨다.

그래서 "무슨 말씀이신지요?"라고 물었다. 그도 그럴 것이 학교장과 난 개인적으로 서로 아는 바가 없었고, 내가 군복무 전에 학교에 다닐 때만 해도 계시던 교수님이 아니셨기에 나는 의문스럽다는 표정으로 서 있었다.

부마 사태가 터지고 며칠 후에 중앙정보부 부산 분실에 있는 요원들이 학과에 찾아와서 리스트를 보여주며 주동자를 체포하는 데에 협조하라고 하여서 그 리스트를 보니 기계과에 본인의 이름과 함께 가장 먼저 연행해야 할 인물로 나와 있더라는 것이었다. 데모를 주동했다는 사람이 데모를 진압하는 데에 있었으니, 교수님은 어이가 없는 웃음을 지을 수밖에 없었다.

대한민국의 인권과 민주주의를 위해서 목숨을 바치신 분들의 영웅적 행동에 존경과 경의를 표한다. 그러나 독재라고 손가락질했던 그들의 노고와 수고에 감사하는 마음 역시 가져봄이 어떨까? 두 세력 다 우리 대한민국 국민임을 인식하고 견제와 균형의 미를 살려가는 대한민국이 되기를 새해 소망해본다.

무력감

이름이 탄생한 곳을 4자로 하면?

연변과학기술대학이 마지막 졸업식을 ○○○○년 6월 20일에 했다. 중국 정부와 계약이 끝나서 학교가 문을 닫게 되었다. 연변과기대가 역사 속으로 사라졌지만 10,000여 명 학생에게 예수님을 소개하여 무감독 시험과 무인 카운터, 8대 1의 교수와 학생 비율 등등 중국의 일반 대학에서는 상상도 할 수 없는 제도를 실시했다.

2009년, 난 파킨슨병이 심각해져서 걸어 다닐 수도 없고 불면, 변비 등 비뇨기과 관련된 증상이 심각해져서 휠체어에 몸을 의지하여 이동해야 했다. 한 달 정도 예상한 가운데 가장 심각한 일은 간병인을 구할 수 없는 것이었다. 아내마저 갱년기 증상으로 고생해서 나를 돌봐줄 가족이 없었다.

근데 이 소식이 한국 동문회에 알려지자 20명이 주·야간 10일 동안에 교대로 나타나서 환자를 돕자 세브란스병원의 간호사 사이에 아들이 아주 많은 사람으로 소문이 나기 시작하였다.

4일이 지난 어느 날, 간호사가 무슨 아들이 그리고 많냐고 물어 왔다. 난 아들은 없고 딸만 둘이라고 하자 간호사는 매일 교대로 오는 젊은 사람들은 누구냐고 물었다. 대학교 제자라고 하자, "어머, 요즘 세상에 그런 대학이 있어요?"하면서 대학 이름을 물었다.

아, 이런 멋진 대학이 문을 닫는다고 하니 가슴 아프다. 그러나 새로운 대학이 곧 들어설 예정이다. 한족이 중심이 될 대학이다. 총장님께서는 중국의 하버드가 될 것이라고 야심차게 말씀하시지만, 우리 교수들은 시큰둥하다. 왜냐하면, 세상을 바꾸는 대학은 하버드가 아니고 사랑과 봉사와 희생을 실천하는 대학이기 때문이다.

연변과기대의 제2의 교가는 해바라기의 〈사랑으로〉이다.

"어두운 곳에 손을 내밀어 밝혀주리라."

우리들의 제자들은 어리지만 어떻게 사는 것이 가장 행복하게 사는 것인지를 잘 알고 있다. 난 이런 제자들이 자랑스럽고 사랑스럽다.

이름난 곳

많이 속일수록 잘되는 회사는?

암호가 길면 길수록 좋은 이유는 해커들이 추측하기 어렵기 때문이다. 예를 들어서 숫자로 이루어진 패스워드가 두 글자라면 패스워드가 100개 존재할 수 있어서 금방 추측 가능하여 해킹당할 수 있다. 그러나 8자리로 올라가면 1억 개 중에서 하나를 골라서 추측해야 한다. 패스워드를 길게 하면 좋다는 것이 바로 이런 이유다.

그러나 컴퓨터 속도가 빨라지면서 1억 개의 패스워드도 시간이 약간 주어지면 추측할 수 있게 된다. 여기에 다시 시간과 횟수 제한이 주어지면 해킹하기 어려워지기는 한다.

이런 패스워드 방식의 한계를 넘어서기 위해서 만든 것이 생체 인식 기술인 지문방식과 홍채 인식 기술이다. 하지만 홍채 인식 역시 패턴을 찾아서 비교하는 과정에서 해킹당해서 오히려 지문인식보다 못한 것으로 알려졌다.

그리하여 기존 패스워드 기술에 시간과 횟수를 가미한 기술이 미국 벨연구소에서 개발한 기술로, 요즈음 온라인 은행 업무에 필수품이 되어버린 OTP(One Time Password)다.

오티피는 어쩌면 보안의 최후 보루와 같은 안전한 기술이다. 아무리 뛰어난 해커라 할지라도 이걸 뚫기는 거의 불가능하기 때문이다. 즉 나의 지문정보나 다른 중요한 정보가 뚫렸다고 해도 돈이 인출되는 곳에 OTP가 있다면 안전하다고 할 수 있다.

물론 개인정보가 노출되지 않도록 해야 하지만, 털렸을 때는 당황하지 말고 보안의 단계에 따라 조치하면 된다. 그중 하나가 바로 OTP는 절대로 뚫리지 않는다는 믿음을 갖는 것이다.

사기업

어떤 대학에 갈까 하며 아직 결정하지 못한 상태에서 마시는 술은?

학교는 모든 분야에서 주인공을 만들기 위한 교육으로 세팅되어 있다. 그리고 한 명의 주인공을 배출하고 나머지는 전부 조연으로 배정하여 학교에 다니는 동안 늘 불만과 스트레스에 시달리게 된다. 게다가 자신이 주인공으로 대접받던 그 한 명의 학생마저도 더 넓은 무대에 가게 되면 역시 조연으로 몰리게 되어 이전의 학생과 비교되지 않는 깊은 좌절과 고뇌를 경험하게 된다.

한국과 중국의 명문대 학생이 자살했다는 소식을 접할 때마다 우린 안타까운 마음이 앞선다. 그들의 이런 행동은 정글 왕의 자리를 차지하지 못하는 자신의 한계에 좌절하고 자존심에 심한 상처를 받아 이를 극복하지 못하는 연약함에 기인한다.

이런 극단적인 사건이 아니더라도 어떤 모임에서 특정한 친구가 화제의 중심이 되면 은근히 자신은 왜 그 중심인물이 되지 못하는지 푸념의 한숨이 나온다.

또한 운동경기에서도 야구에서는 투수를, 축구에서는 센터포워드를 하고 싶은 마음이 들게 된다. 한국축구가 왜 늘 수비가 약한가 하면, 모두 공격하려고 하지 수비하기를 싫어하는 탓에 홍명보나 이영표 같은 선수들을 찾아보기가 힘든 데에 이런 이유가 있다.

이런 정글 왕이나 정글 왕 후보교육에 단련된 인간들의 가장 근본적인 죄는 바로 정글의 법칙에 기인한다. 정글의 법칙이 인간 타락의 근본 원인이었다는 것을 아는 순간, 우린 익숙한 정글의 법칙을 인정하고 이것을 몰아내지 않으면 스스로 불행한 처지에 놓일 수밖에 없음을 깨닫게 될 것이다.

진로

여우가 바퀴를 달고 있으면?

동창회에 나가는 사람들은 대개가 사업에 성공했든지 아니면 권력과 힘을 소유한 친구들이 중심이 되어 서로의 힘을 자랑한다.

영화 《더킹》에서 조인성의 독백이 인상적이다. 학교 다닐 때는 두꺼운 안경을 쓰고 찍소리도 못한 책벌레들이 검사나 판사가 되어 떵떵거리는 세상이라고 한다.

동창회에서 이제 큰소리치는 자는 주먹으로 힘을 과시하던 조폭 계열의 어깨가 아닌, 남자로 매력 없던 안경잽이라는 사실을 알면 밀림의 왕이 바뀐 동창회에 나오는 친구들이 옛 순수함을 간직할 리가 없다.

모두가 세상적인 성공의 자를 들고 동창회에 나온다. 이런 면에서 구약성경에 나오는 욥과 같은 친구들은 동창회에 나갈 엄두를 내지 못할 뿐 아니라 설령 참석한다고 하더라도 구석 자리에 배석하여 아무도 관심을 받지 못할 것이다.

이렇게 뒤틀리고 어지러운 세상에 주님께서는 십자가를 지고 오셨다. 욥의 고통과 우리의 고난을 십자가에 지시고, 나의 멍에는 가볍다고 하시며, 오늘도 사랑과 희생의 본을 보이고 계신다.

† BC와 AD를 가르시며 역사를 조용하게 움직이시는 힘은 바로 사랑이란 진리를 찾아 좁은 문으로 향하는 십자가를 지고 가는 발걸음에 있음을 고백한다.

영웅

평화는 피를 많이 흘려야 쟁취할 수 있는 이유는?

임진왜란 당시에 전시 수상직을 수행한 유성룡의 이야기가 요즈음 회자하는 이유는 국가를 다스리는 리더 위치에 있는 사람들이 지도자의 역할은커녕 부정과 부패에 연루되거나 백성을 짐승으로 여기는 눈을 가지고 있기 때문이다.

유성룡이 그 당시 정확하게 현실을 파악하여 임진왜란이 일어나기 훨씬 전에 이순신을 종6품 당하관에서 정3품 당상관으로 무려 7계단을 뛰어오르게 하는 인사를 권하자 신하들이 벌떼처럼 들고일어나 극렬하게 반대한다. 극심한 반대에도 불구하고 선조가 허락하면서 이순신은 전라좌수사로 초고속 승진하여 임지로 향한다. 반대의 이유는 너무 과한 승진이라는 것이었다.

그러나 이순신은 그 당신 평균 나이로 이미 좌수사를 수행할 수 있는 연령대가 되어 있었다. 불의와 부정을 보고 그냥 지나가지 않는 이순신을 그의 상관들은 좋아하지 않았기 때문에 그 나이에 종6품에 머물러 있었다. 유성룡의 통찰력과 인재 발굴능력이 이순신을 전라 좌수사로 보냄으로써 임진왜란에서 서해를 지켰고, 그 결과 일본의 보급로를 차단하고 곡창지대인 전라도 땅을 지킴으로써 전쟁을 종결시키는 데 결정적인 역할을 했다. 만약 이 두 사람이 없었더라면 조선은 한강 이남은 일본어를 쓰는 사람이 사는 땅으로, 한강 이북은 중국말을 쓰는 나라로 바뀌었을 가능성이 크다.

유성룡을 오랫동안 연구한 학자의 말에 의하면 통찰력과 인재 발굴 능력은 바로 사심 없이 생각하고, 판단하며, 행동하는 데에서 나온다고 한다. 즉 모든 일에 개인의 사사로운 욕심을 버리고 살아갈 때 비로소 멀리 보고 정확하게 사람을 볼 수 있는 혜안이 열린다는 뜻이다. 오로지 평생 나라와 백성을 위하는 마음으로 살았기에 그의 식견은 탁월할 수밖에 없다는 것이다.

역사를 통하여 우리가 사는 이 땅에서 하늘의 것을 생각하고 살아갈 때 하나님과 세상을 보는 눈이 열릴 것이다. 그리고 우린 인애와 진리가 서로 만나고 의와 화평이 서로 입맞춤하는 세상의 영광을 보게 될 것이다.

피스(peace)이기 때문에

물어뜯으면서 고문하면?

조폭 영화가 흥행하는 이유 중 하나는 조폭을 묶는 수단이 돈이 아니기 때문이다. 그래서 우린 호기심을 가지고 영화를 보게 된다. 영화에서 조폭 사이를 연결해주는 것은 상호 신뢰와 의리이다. 그들은 목숨을 걸고 조직에 충성하고 배신하지 않은 것을 의로 여기며 살아간다. 영화는 때로 법과 의리가 충돌할 때 법보다는 의리를 더 고귀하게 여기는 쪽으로 조폭을 미화시킨다. 그래서 겉으로 법을 지키는 권력자들이나 부자보다는 오히려 의리로 뭉친 조폭을 더 좋은 사람으로 여기게 만든다.

그 이유는 법이 정의롭게 집행되지 않고 유전무죄 무전유죄가 되는 현실에서 자신의 억울함을 풀어줄 수 있는 해결사가 바로 조폭 두목이었기 때문이다. 법은 멀리 있고 주먹은 가까운 곳에 있는 현실을 이용하고 있었다. 왜 〈말론 브란도(Marlon Brando)〉의 대부가 지금도 가장 영향력이 있는 영화로 꼽히고 있고, 주윤발이 나오는 〈첩

혈쌍웅〉이 남성들 사이에서 아직도 회자하고 있을까? 두 영화의 공통점은 바로 법보다는 정의와 양심을 더 높은 가치로 여기는 인간의 본성을 자극한 데에 있다.

영화 〈첩혈쌍웅〉에서 전문 살인청부업자 주윤발이 등 뒤에서는 쏘지 않는 형사 이수현에게 우린 서로 비슷한 데가 있다고 하자. 이수현은 자신은 법을 보호하는 사람이지만 넌 법을 어기는 사람이라고 부인한다. 그러나 조폭과 한판 총격전 이후에 가까워진 두 사람은 묘한 말을 남긴다. 주윤발이 "넌 형사처럼 안 보인다."라고 하자 이수현은 "넌 조폭같이 안 보인다."라고 응수한다.

형사 이수현은 쫓기는 청부살인자가 어린이와 여인을 위해서 자신을 희생하는 의로움을 보이자 이에 감동한다. 그도 그럴 것이 자신을 출세의 도구로 여기는 상사에게 환멸을 느껴왔기 때문이다. 약한 자를 돕고 신의를 지키는 청부살인자인 주윤발에게 이수현은 오히려 인간적인 호의와 친근감을 느낀다. 그리고 주윤발이 조폭 두목의 총에 맞아 죽어가는 모습을 본 그는 자수하는 조폭 두목을 경찰이 보는 가운데 총으로 사살한다. 전의를 상실한 법을 향하여 총을 쏘는 이수현의 모습 속에서 관객들은 부정과 부패로 얼룩진 법을 심판하는 카타르시스를 경험하게 된다.

물고문

가장 인기 있는 탈모치료제 전속모델은?

믿음이 확실하려면 반드시 복음이 의미하는 의를 제대로 이해해야 한다. 왜냐하면 복음에는 하나님의 의가 나타나서 믿음에서 믿음으로 이러하게 하나니, 의인은 믿음으로 말미암아 살리라(로마서 1:17)고 하셨기 때문이다.

그러면 의란 무엇일까?

세상적으로 의로운 사람이란 불의를 보면 그냥 지나치지 않는 의협심이 강한 사람을 흔히 그리곤 한다. 그러나 이런 의협심이 부패한 조정이나 국가에 대항하여 결성된 산적이나 도적의 무리에게도 있다고들 한다. 때문에 우린 그런 의협심에 대한 모호한 판단을 각자 하게 되고 《수호지》의 송강이나 《홍길동전》의 홍길동과 조선 시대의 임꺽정 등은 모두가 자신의 행동에 대한 갈등과 혼란의 번민을 겪은 것도 인간이 정의한 의의 한계로 인한 것이다.

성경에서 말하는 의는 하나님께서 세우신 기준에 부합하는 정도이다. 그 기준이 바로 율법이며 우린 율법을 잘 지키면 의인이 되는 것이다. 그러나 타락한 인간은 그 누구도 율법을 온전하게 지킬 수 없다. 율법의 중심내용은 타락한 행동을 금하고 하나님과 이웃을 사랑하는 것이다. 그러나 이것은 어디까지나 하나님께서 주신 원리이며 방향이지 이것 자체가 하나님이라고 할 수 없다.

바꾸어 이야기하면 하나님의 호흡과 숨결이 배제된 기준은 또 다른 교훈이며 철학이요 종교이기 때문이다. 물을 담은 호리병이 제구실을 하려면 거기에 물이 담겨 있어야 하고, 사람의 손에 붙잡혀 잔가까이 가야 물을 옮겨 담아서 사람의 목을 축일 수 있다. 그러나 박물관에 진열된 호리병은 그저 지나간 시절을 상징할 뿐 현재의 사람들에게 자신의 기능을 다 하지 못하고 있다.

마찬가지로 하나님께서 주신 기준과 내용이라고 할지라도 하나님의 생명이 빠지고 대신 인간의 지식 속에 존재하게 되면 율법이 박제되어서 판단과 교만을 불러일으킨다. 하나님의 생명이 빠진 가장 큰 증거는 바로 은혜를 망각하는 것이다. 율법의 구체적인 내용을 이해하는 것보다 더 중요한 점은 우리가 가장 단순한 선을 실천할 수 없는 비참한 죄인임을 자각하는 것이다. 이 좌절의 골짜기를 경험하지 않고는 은혜를 제대로 알기 어렵고, 은혜를 모르면 영적인 자람과 열매는 불가능하기 때문이다.

은혜를 구원에만 적용하면 우리의 삶이 이중적으로 되기 쉽다. 금전이든 지식이든, 명예이든 가문이든 직위이든 모든 면에서 나 자신이 남들보다 좀 더 우월한 처지에 있는 상황이 하나님의 손길에서 좌우되는 것이지 자신의 업적과 공로라고 조금이라도 여기기 시작하면 바로 자신보다 부족한 자를 멸시하는 교만의 죄를 범하게 된다. 그리고 그것이 선악에 관계되는 도덕적 우위에 있게 되고, 그 지식과 기준으로 다른 사람을 정죄하는 자리에 이르게 된다.

이런 인간의 한계와 현주소를 천부적 문학적 재능으로 표현된 작품이 바로 빅토르 위고의 《레미제라블》이다. 장 자크 루소는 인간이 설명할 수 없는 운명적 굴레의 사슬을 인위적으로 끊어버리는 해방과 자유를 주장하여 프랑스 혁명과 공산당 혁명의 불씨가 되었지만, 빅토르 위고는 그 고난의 사슬은 예수그리스도 안에서만 해결되는 은혜의 자유임을 소설로 묘사하였다. 인간이 가진 의의와 한계를 모르고 살아가는 수많은 종류의 다양한 모습을 소설은 그리고 있고, 그 어둠 속에서 영원한 빛을 발하는 소수의 무리를 장발장을 중심으로 암시하고 있다. 성경에 나타난 복음의 진리를 이렇게 다채롭고 실감나게 묘사한 빅토르 위고의 세심하고 민감한 영성에 감탄사가 절로 나온다.

우리 동양 문화권에도 이런 작가들이 등장하기를 많이 기대해본다. 그래서 미우라 아야코 여사 같은 작가가 오늘날에도 출현하기를 기대한다.

장발장

곧 무너질 것 같은 석조 건물 앞에 서 있다면 어떤 상황이 벌어질까요?

오늘은 예수님께서 장사 된 지 3일 만에 다시 살아나신 부활절이다. 기쁘고 축복받아야 할 부활절이 세월호의 참사로 인하여 슬픔과 비통의 부활절이 되고 있다. 대한민국의 모든 매스컴이 정규 방송을 중단하고 5일째 세월호 구조작업을 중계하고 있다. 온 나라가 이 비극적인 사건을 슬퍼하고 조속한 구조작업으로 생존자가 구조되기를 기다리고 있다.

이번 사고가 더 큰 충격을 주고 있는 이유는 한창 자라고 있는 고등학생들이 참사를 당했기 때문이다. 실종자를 포함한 고등학생들의 숫자가 250여 명에 이르고 있다. 250 가정이 자녀의 사망이나 실종으로 고통의 눈물을 흘리고 있다. 대부분 40대 중반이나 50대 초반의 부모를 둔 아이들일 것이다. 모든 사람의 바람, 특별히 실종자

부모들의 간절한 희망은 제발 살아만 있어만 달라는 것이다. 그러나 자녀의 죽음을 목격한 부모들에게는 더는 자녀를 생명을 지닌 모습을 볼 수 없다는 사실이 현실적으로 믿어지지 않고 또한 믿고 싶지 않기에 그 아픔은 실로 감당하기 어려운 것이다. 그런데 고통의 심연에 자리잡고 있는 더 근본적인 원인은 바로 자신의 영원성이 난도질당하는 고통에 있다. 대부분의 부모는 자녀의 죽음 앞에서 차라리 내가 너의 죽음을 대신할 수 있었다면 하는 마음으로 오열한다. 자녀는 하나님께서 인간의 불멸성을 남겨둔 흔적이기 때문이다. 이순신 장군은 전쟁 중에 사랑하는 막내아들을 잃은 슬픔에 못 이겨 "내가 죽고 네가 사는 것이 순리인데 왜 나를 두고 먼저 갔느냐!"라며 통곡하였다. 예수님께서도 나인 성의 과부 아들의 죽음을 보시고 불쌍히 여기셨다. 현재와 미래도 그리고 불멸의 흔적마저도 없는 과부에게 예수님은 깊은 연민의 마음을 품으셨다. 인류가 겪는 감당할 수 없는 고통을 과부가 짊어지고 있었기 때문이다.

사망과 실종을 부른 근본적인 이유를 매스컴에서는 선장의 무책임한 직무유기와 안전 불감증을 들고 있다. 선장이 자기가 먼저 살기 위해 승객을 뒤로하고 먼저 배에서 뛰쳐나온 일은 바로 「요한복음」에 나오는 삯꾼 목자를 생각나게 한다. 삯꾼 목자는 삯꾼 월급쟁이처럼 돈을 벌기 위해서 자기 일을 하는 사람이다. 늑대가 나타나면 목숨을 걸고 양을 지키는 대신 자신이 살기 위해서 현장에서 도주하는 부류의 사람들이다. 세월호 선장은 임대 선장이었다. 원 선장이 휴가로 빈 공백을 메운 임시 선장이었다. 인간은 자신이 스페어타이어라는 인식이 들면 책임감이 떨어진다. 그러나 스페어라고 생각하는 것 자체가 하나님의 법칙에 어긋난다. 영원성의 시간 속에 비추어 보면 우리가 처한 시간은 모두 한시적이다. 때문에 구분될 필요가 없는 단어이다. 며칠을 일하거나 몇 년을 하거나 영원에 비추면 다 도토리 키를 재는 것이다. 하루를 천년처럼 생각하고 일하기를 하나님께서 원하신다. 인간의 도박 근성은 판돈이 크면 긴장하고 적으면 느슨해진다. 작은 일에 충성하는 과정이 쌓여야 큰일이 닥쳐도 여유 있게 처리할 수 있게 된다. 이런 평범한 진리를 놓치면 대형 참사를 불러일으킬 수 있음을 세월호가 증거하고 있다.

다음은 안전불감증이다. 안전불감증은 위급한 상황이 올 수도 있고 오지 않을 수도 있는 조건에서 발생한다. 위급 상황이 오지 않는 날이 계속되다 보면 면역이 되어서 해야 할 일을 성가시게 여기고 책임자가 편한 선택을 할 때 발생한다. 더 큰 이유는 경비를 줄일 수 있다는 유혹에 못 이겨 안전을 무시하고 기본으로 해야 할 일을 소홀히 하기 때문이다. 세월호 역시 짐을 하적하고 자동차를 입선시키는 과정에서 시간과 경비를 핑계로 편한 길을 택하여 출발하였고, 그 결과는 치명적 사고로 이어졌다. 세월호 사건을 통하여 우린 안전불감증보다 더 무서운 병이 있다는 사실을 인식해야 한다. 바로 종말 불감증이다. 재림을 기다리는 마음은 둘째 치더라도, 개인의 종말이 우리를 항상 도사리고 있다는 사실을 무시하고 살아가는 점은 큰 문제다. 그래서 최후의 심판대에서 자신의 마음과 행동이 재생될 것을 잊은 채, 오늘도 돈과 성공을 위해서 질주하는 삶을 살아간다.

상업주의가 극에 달한 대한민국은 초등학교 때부터 성공과 부를 향한 무대에 아이들을 내몰아 일류 대학을 목표로 질주하게 한다. 대학 숫자가 적어서 입시 지옥이 생겼다고 판단했던 김영삼 정부는 대학 설립허가를 쉽게 해줬다. 그러자 우후죽순처럼 대학이 들어서 입학이 쉬워졌지만, 이제는 졸업 후 취업이 어려워지게 되었다. 결과적으로 대학이 취업학원으로 전락하게 되면서 대학생들은 가장 여유롭고 어떻게 살아야 의미 있는 삶이 될 것인가라는 철학적 물음을 생각할 여유를 잃어버렸다. 삶의 의미와 보람이란 말은 이미 대학에서 사라지고, 먹고살아야 하는 현실에 굴복하는 대학생이 양산됨에 따라 종말 불감증이 더욱 심각해지고 있다.

이 부활절에 우린 아이들은 잃은 슬픔 속에서 예수님의 부활 능력이 더 보석같이 빛남을 발견해야 한다. 세월호에서 사라져간 청소년들의 생명은 살아 있는 자녀를 둔 가정에 이미 또 다른 작은 죽음이 엄습하고 있다는 경고의 메시지를 보내고 있다. 육신의 부모와 함께 같은 공간에서 살고 있지만 서로 다른 가치관과 인생관으로 인한 대화의 단절이 바로 또 다른 죽음이라는 것을 알아야 한다.

지금도 수많은 청소년이 가정에서 부모와 정겨운 대화와 친밀감이 결여된 공간에서 신음하고 있다. 그리고 단절 속에서 오는 고독감을 해소하기 위해서 친구나 SNS로 몰려들고 있다. 세월호 사망자 가족을 위로하는 시에서 "지금이라도 살아서 돌아온다면 너의 손을 잡고 같이 수학여행을 떠나자."라는 구절이 의미심장하게 우리의 가슴을 울린다.

돌보아야 할 상황이 벌어짐

꽃이 쓰러지면?

백만 송이 장미는 원래 러시아 민요인데, 궁정동 사건을 목격한 심수봉이 예수님을 만난 후에 부른 전도용 가요이다. 불신자들은 눈치채지 못할 수도 있으나, 심수봉은 어느 순간부터 곡을 부르기 전에 예수그리스도라는 말을 먼저 한 후에 애창한다.

1979년, 박 대통령이 자신의 부하인 김재규 중앙정보부장이 쏜 총에 맞아 쓰러지자 심수봉은 피를 흘리고 쓰러진 박 대통령을 자신의 무릎에 받쳐서 지혈하고 있었고 그사이 김재규는 경호실장에게 다시 총을 쏘고 있었다.

증서인멸이란 말이 자신들에게 적용된다면, 확인 사살하는 정보부 요원들이 심수봉과 또 다른 가수를 그냥 둘 수 없는 상황이었다. 죽음을 감지한 절체절명의 위기감이 엄습했을 것이다.

정말로 죽음의 문턱까지 간 심수봉은 하나님의 은혜로 그 현장에서 살아난 것을 나중에 알게 되어 오늘까지 그녀는 예수그리스도를 반드시 언급하고 노래를 시작한다. 특히 백만 송이 장미는 하나님께서 우리에게 장미 백만 송이를 보내주신 사랑을 노래한 곡이다.

우리는 어리석게 창조주 하나님을 놓치고 살기 때문에 백만 송이 장미가 아닌 억만 송이의 장미와 이름 모를 꽃과 대자연의 오묘하고 신묘막측(神妙莫測)한 자연계에 대한 감사없이 무덤덤하게 지낸다.

꽃다운

탈 수 없는 배는?

그동안 새롭게 경험한 조각 퍼즐이 더 잘게 쪼개지기 전에 이 아둔한 머릿속에서 정리하지 않으면 증발하여 없어질 것 같은 두려움이 앞서 그 조각을 맞춰 보기 위한 몸부림을 쳐본다. 어떤 때는 쉬운 단어와 사람 이름이 생각나지 않으면 덜컥 글쓰기가 두려워진다.

마크 트웨인이 말한 것처럼 가장 적절한 단어와 비교적 적절한 단어 사이의 차이는 번개와 반딧불의 차이보다 크다고 했다. 영어 원문을 보아야 왜 번개와 반딧불이란 단어를 사용했는지 알 수 있다. 이런 거인들의 한마디 속에 숨은 진리를 찾아낼 때의 기쁨은 하늘을 찌르지만, 마크 트웨인보다 수만 배로 크시고 거룩하시고 그 지혜와 사랑의 크기를 측량할 수 없는 하나님을 찬미하는 데 게을러진 이유가 무엇일까?

난 성격상 외골수인 기질이 있다. 유학 가기 전, 직장 상사는 그런 나의 기질을 간파하여서 일을 동시에 여러 개 주지 않으려고 했다. 왜냐하면 이 일이 끝나지 않았는데도 또 다른 일을 시키면 싫은 내색을 금방 드러냈기 때문이다. 반면에 같은 시기에 입사한 동기는 이 일을 주어도 OK이고 저 일을 주어도 OK였다. 그래서 그는 근무평점에서 나보다 우수한 점수를 받았다.

말이 나온 김에 그 동기 이야기를 좀 하면, 어느날 갑자기 그 동기가 회사를 그만둔다는 소식이 들렸다. 그 이유는 유학을 간다는 것이다. 그것도 결혼할 대상이 이미 유학 가 있는데 여자 혼자 먼 타국에서 혼자 있는 것이 불안하여서 나의 동기가 같이 공부하면서 서로 위안 삼아서 소기의 목적을 달성한다는 미명아래 자신의 아이큐 검사까지 끝냈다고 자랑하며 사표를 쓰고 회사를 나가버렸다. 더욱더 아이러니한 것은 그는 신우회 핵심 멤버로 점심 먹고 매일 찬양과 예배를 드리고 있었지만, 그 당시 불신자였던 나에게 예수의 '예' 자도 꺼낸 적이 없는 정통장로교 신자였다는 점이다.

그러나 인생은 마음먹은 대로 되지 않는 것인지, 그 동기는 그녀와의 약혼이 성사되지 못하고 완전히 깨어져서 결국은 다른 회사로 입사했다는 소문만 듣게 되었다. 그리고 그 무렵에 난 유학의 길을 올라 그토록 하고 싶었던 컴퓨터를 하루종일 생각하고 공부할 수 있게 되었다. 그래서 난 자신에게 맞는 분야와 기질이 대학원과 회사로 가는 길의 원동력이 된다고 믿는다.

모타보트

탄 차가 출발하지 않는 이유?

대부분 한국과 중국에서 흔하게 볼 수 있는 자동차는 주로 전륜 구동이다. 여기서 전륜은 '앞 전(前)' 자를 써서 엔진과 기어를 통하여 앞바퀴에 동력이 전달되어서 움직이는 자동차를 의미한다. 이 전륜 구동 키트에서 뒷바퀴는 그저 달려만 있으면서 돌아가게 된다. 연결 부위가 서로 다른 속 모습을 가지고 있지만, 뒷바퀴와 앞바퀴는 서로 같은 방향과 속도를 가지고 골목길을 지나고 시내 포장도로를 지나 고속도로에서도 호흡을 맞추어 달린다.

달리는 차를 겉으로 보아서는 어떤 바퀴에서 동력이 발생하는지 알 수 없이 그저 앞바퀴나 뒷바퀴나 열심히 돈다. 서울에서 평양을 거쳐 북경을 지나 우루무치에 도착했다면 앞바퀴 뒷바퀴 모두 그만큼의 거리를 달린 셈이다.

이처럼 우리의 성숙을 향해 달리는 여정에서 동력을 만들어내신 앞바퀴와 같은 예수님과 뒷바퀴인 우리는 같이 달리고 있다. 때로는 다리와 험한 비포장과 개울을 건널 때에도 함께해야 한다. 움푹 팬 웅덩이를 지날 때 예수님 역시 함께하셔서 앞바퀴가 내려왔다 올라가듯 뒷바퀴 역시 똑같은 모습으로 내려갔다 솟구치는 아픔을 겪는다. 그런 후 또한 뒷바퀴가 펑크나면 갈아 끼워야 달릴 수 있다. 결코 앞바퀴 혼자서 독주하지 않는다.

마찬가지로 우리가 죄악 가운데 거할 때는 예수님께서 안타까운 마음으로 기다리신다. 바울이 열심히 달리지 않았다면 그는 완전해져 가는 과정을 맛볼 수 없었을 것이다. 또한 자신이 동력을 만들어낼 수 없기에 그는 은혜라고 말하지 않을 수 없었다. 누구의 공로와 성과가 아닌 예수님과 함께 이루어 놓은 마일리지이다. 그런데도 예수님께서는 우리가 당신보다 더 큰 일을 했다고 말씀하신다(요한복음 14:11-15).

수많은 현대 크리스천들이 교회에서 관중으로 남아있으면서 설교마저 구경하는 일요일 신자들이 되어가고 있다. 이들은 스페어 타이어가 되어 버렸다. 그러나 스페어 타이어로 있는 한, 바퀴로 굴러가는 성숙의 여정을 경험하지 못한다. 그래서 마일리지 기록에 1밀리미터도 이바지하지 못한다. 이 얼마나 억울한 일인가? 자신은 스스로 수천 마일을 달려왔다고 여기지만 천국 마일리지는 0라는 사실을 두려움으로 받아들여야 한다.

나 자신은 역시 영적인 스페어 타이어가 아닌지 살펴보게 된다.

혹시나 천국의 마일리지가 지금 정지되어 있지 않은지 두렵고 떨리는 마음으로 계기판을 바라보고 있다.

불에 탐

꼬마가 거짓말하면?

회원 수가 100만에 이른다는 소라넷의 창시자는 한국에서 입학성적이 가장 높은 명문대학 출신 부부가 서버를 해외에 두고 각종 음란물과 난잡한 경험담, 윤간 같은 파렴치한 행동을 촉발하는 정보로 도배된 사이트를 운영하고 있다고 매스컴을 통하여 보도된 바가 있다. 스마트폰의 보급으로 초등학교부터 음란물을 마음대로 접할 수 있는 세상으로 변해가고 있는 우리의 사회가 할례 받지 않은 인간의 저주 현장으로 변해가는 것은 아닌지 되물어야 할 것이다.

자신의 장모가 수천 억짜리 부동산을 사는 데 전혀 관여한 바가 없는 일이라고 하던 청와대 수석이 현장에서 본 사람이 있다고 하자 계약하는 날 장모님을 위로하러 갔다고 말을 바꾼 일을 보도를 통해서 접했다.

현직 검사장이 자신의 돈으로 주식을 샀다고 했다가 계좌추적으로 들통이 나자 돈을 빌렸다고 말을 바꾼다. 대통령을 비롯한 정치인들은 공약하고 집권한 뒤에는 약속을 지키지 않는 일을 허다하게 보았고 국회에서 청문회가 열리면 이곳에서 거짓말을 밥 먹듯이 하는 고위 공직자들을 수없이 보았다.

경찰청장 후보자가 음주운전에 걸려서 조사를 받을 때 자신의 신분을 속여서 진술하였다고 했다. 그리고 부끄러워서 신분을 밝히지 못했다고 했다. 왜, 그냥 경찰임이 밝혀지면 출세에 지장이 있을 것 같아서 그랬다고 솔직하게 말하지 못할까?

할례 받지 못한 입을 가진 자들이 지도자로 있기 때문에 백성들이 절망과 원망으로 가득할 수밖에 없다. 6·25 사변 때에는 서울을 사수하겠다고 큰소리치던 대통령이 먼저 도망가면서 한강 다리를 폭파해 얼마나 많은 사람이 사망했는지 알 수도 없다.

성경은 적나라하게 이런 인간의 한계를 고발한다. 우리는 수백 년 역사를 통해 나라를 위해서, 백성을 위해서라고 외치는 지도자들에게 애국심이 없다는 사실을 보아왔다. 그러나 십자가에 못 박히신 예수님은 다르셨다. 그분은 진정한 할례의 주인공이셨다. 예수님께서는 제자들에게 자신이 대제사장과 서기관들에게 잡혀 십자기에 못 박힐 것이고 3일 만에 부활하신다고 하셨다. 그리고 그 일은 한 점의 오차 없이 그대로 이루어졌다. 그리고 다음과 같이 말씀하셨다.

† "누구든지 나를 따라오려거든 자기를 부인하고 자기 십자가를 지고 나를 따라야 한다."(「마태복음」 16장)

애라이

중학생이 고등학생보다 믿음직한 이유는?

한번 죽는 것은 사람에게 정해진 것이요 그 후에는 심판이 있으리니(히브리서 9:27) 복음은 그럴싸하게 일어날 수 있는 일과 교훈을 그린 소설이 아니고 이미 이루어진 다큐멘터리와 진정으로 이루어질 수밖에 없는 예언이다. 이런 역사성이야말로 자기 삶의 방향과 현재의 선택을 결정하는 방향키가 되기 때문에 수시로 성서를 읽고 헛된 철학과 초등학문을 걷어내어야 한다.

일본의 아베 정권이 바로 이 역사 교과서를 왜곡하여 학생들에게 가르치는 이유도 자신들의 침략 역사를 감추고 미개한 동아시아를 깨우고 발전에 공헌한 영광스러운 대일본제국의 건설로 초점을 맞춰 미화하기 위함이다. 이를 통해 진실을 감추고 과거의 강한 일본을 다시 한번 재건하여 현재의 열등감을 극복해 보려고 하는 의도를 숨긴 채 백성들을 기만하고 있다. 아베 정권은 이런 역사성의 맥을 알고 있기에 기를 쓰고 거짓된 과거사를 수록하여 가르치려고 한다.

그러나 아베 정권보다 더 무서운 흐름은 바로 인본주의자들이다. 다윈을 필두로 이 땅에는 우리가 노력하면 세상이 점점 좋아지기 때문에 신이 필요 없다고 주장하는 사람들이 있다. 인간이 발명한 문명과 계몽으로 인간의 역사는 점점 좋아져 간다라고 믿는 추종자들이다.

실제로 눈에 보이는 세계는 과거보다 현재가 좋아 보인다. 무신론자였던 필자의 할머님은 이 좋은 세상을 두고 어찌 떠날꼬 하시면서 한탄과 아쉬움을 드러내시며 88세에 돌아가셨다. 시골이지만 전기가 들어오고 수도, 세탁기, 냉장고, 텔레비전, 녹음기, 자동차 등등이 할머니 생애에 등장했다. 60여 년간 자신의 며느리로부터 섬김을 받으시고 많은 손자들의 세배를 받으신 할머님은 이 세상이 그렇게 좋을 수밖에 없으셨다.

그러나 세상의 불신자들 역시 시간의 지배를 받고 있기 때문에 저승사자의 방문을 뿌리치고 달아날 수 없다. 식물인간이 된 L 회장도 아무리 그 앞에 돈다발로 쌓아 두어도 결국 가야 할 그곳에 쓸쓸히 영혼의 발걸음을 옮겨야 했다. 왜냐하면, 그곳에는 세종대왕이 그려진 지폐는 물론이고 조지 워싱턴이 그려진 지폐마저 없기 때문이다.

영화 〈내부자들〉에 나오는 L 회장은 자신이 타고 있는 역사의 기차가 언젠가 반드시 종착역에 도착한다는 사실을 매일 뼈에 새겼더라면 그런 난잡한 망동은 하지 않았을 것이다.

나의 진정한 영성은 예수님을 매일 가슴 설레면서 만나고 있느냐에 달려있다. 이 세상과 바꿀 수 없이 사랑하는 사람을 만나러 간다면서 가슴이 설레고 벅차지 않는다면 진심으로 사랑하는 인격적인 만남이 아닐 것이다. 지금 내 가슴을 만지면서 그분에 대한 심장의 고동이 뛰고 있는지 확인해 본다.

믿을스쿨

나라 없는 공주는?

역사상 이름이 알려진 공주는 평강공주, 선화공주, 낙랑공주 노국공주다. 이 중에서 조국(祖國)을 버리고 사랑을 택한 공주는 바로 낙랑공주와 노국공주다.

낙랑공주가 찢은 자명고는 적국의 군사가 쳐들어오기만 하면 스스로 울려 낙랑이 방어할 수 있도록 하는 최고의 경계용 무기였다. 고구려를 제외하고는 낙랑을 침몰시킬 수 있는 힘을 가진 나라는 없었다. 고구려 역시 부담스럽기는 마찬가지여서 자명고가 작동되지 않도록 한 후 기습공격을 해야 육군의 전사자를 줄일 수 있다고 판단했다. 그리하여 호동왕자를 낙랑에 잠입시켜서 낙랑공주를 유혹하여 자명고를 찢도록 편지를 보낸다. 결국 계획대로 자명고는 찢기고 고구려는 낙랑을 손에 넣는다. 그리고 이 사실을 알게 된 낙랑의 왕은 자신의 딸을 칼로 죽인다.

남녀 간의 사랑은 국가와 시대를 초월한다. 죽음을 각오해야 하는 사랑과 목숨을 건 선택의 기로에서 호동을 선택한 그녀의 선택, 이야기의 배경은 애틋하고도 슬프다. 하지만 그런 고귀한 사랑이 감동을 주기에 오늘날까지 회자되는 것이리라. 영원을 향한 사랑은 비록 육신이 일찍 떨어지는 꽃잎처럼 이 땅 아래 묻혔으나, 역사가 기록되는 한 그들의 아름다운 사랑은 영원히 남을 것이다.

노국공주는 원나라 공주 출신으로 고려 공민왕의 왕비가 되었다. 공민왕은 왕자 시절 볼모로 끌려가서 원나라로부터 고려 왕족이 온갖 수모를 당하는 것을 직접 목격한다. 이것을 계기로 왕은 고려의 국력 강화를 위하여 먼저 노국공주와 정략결혼을 한다. 그러나 일반 정략결혼과 다르게 공민왕은 노국공주와 깊은 사랑에 빠진다. 그리고 그들은 친원 세력을 제거하기 위하여 하나가 된다. 노국공주는 원나라를 배신하고 사랑을 선택했다. 그 뒤 4차례나 걸친 친원 세력 제거를 통해 공민왕은 원나라 기황후의 오라비인 기철을 고려 정권에서 몰아낸다. 이처럼 공민왕 초기에 영민함으로 탕평책과 토지개혁을 시행해 많은 찬사를 받았으나, 노국공주가 난산으로 사망하자 그 슬픔을 견디지 못하여 급격하게 망가져 갔다.

공민왕은 그림과 음악에도 천재적인 재능을 가졌다. 그가 직접 그린 노국공주의 초상화를 밥상 옆에 두고 3년간을 밥을 먹었다고 하니 노국공주에 대한 사랑이 얼마나 깊고 순수했는지 가슴이 먹먹해진다. 노국공주의 죽음은 공민왕의 죽음이 되었고, 이는 고려의 멸망을 가져온 단초가 되었다.

노국공주

이해심이 많은 운전기사는?

택시 운전기사는 지난 40년간에 많은 변화가 있었다.

자가용이 귀하던 시절 택시 잡기는 하늘의 별 따기였다. 합승이 기본인 시절에 택시 잡기는 또 하나의 전쟁이었다. 손님은 왕이 아니고 밥이었다. 그래서 그런 막강한 권력을 가진 기사에게 손님이 굽신거려야 했다.

그러나 권불십년(權不十年) 화무십일홍(花無十日紅)이라고 했던가. 자가용이 등장하면서 택시기사는 기득권자(旣得權者)의 자리에서 내려와야 했다. 경쟁자가 많아졌기 때문이다. 자가용, 지하철, 버스 등이 택시의 손님을 빼앗아 갔다.

엎친 데 덮친 격으로 콜(call)이 보편화 되어 친절을 평가하는 제도가 도입되어서 불친절한 운전기사는 설 땅이 점점 좁아져 가고 있다.

그러나 가장 무서운 시련이 될 사건은 바로 테슬라에서 시작한 무인 자동차이다. 기술적인 보고와 통계자료는 무인 자동차가 더 안전한 것으로 나타나 있다. 다만 사고 시 법적인 문제가 남아있는 상태이니 이직(移職)을 미리 고려하셔야 한다.

한때는 중국에서는 최고의 신랑감으로 택시기사가 1위였는데, 세월 앞에 변신해야 하는 위기에 놓이게 되었다.

하기사

'인공눈으로 덮어'를 3자로 하면?

우리나라에서 가장 규모가 큰 스키장은 용평스키장으로 초급과 중급코스에 항상 눈이 적정수준으로 깔려 있고 눈의 질도 좋아서 초보자들이 가장 많이 찾는 곳이다. 스키는 때로는 생명을 위협할 정도로 위험하지만, 일반적으로 눈이라는 범퍼가 있어서 상대적으로 안전한 스포츠다.

한국 사람들은 약간 무모한 정신이 있어서 기본기를 익히지 않고 코스에 들어와서 자신이 제어되지 않아서 다른 사람과 충돌을 일으키는 경우가 허다하다. 최소한 A자형 썰매를 만들어서 제어하는 법을 배우고 코스에 투입되는 습관을 지녀야 할 것이다. 경사가 50도 이상이 고급코스에서는 좌우 지그재그를 그리면서 내려와야지 바로 내려오면 죽음의 속도에 가속이 붙어서 극도로 위험한 일을 경험하게 된다.

지그재그에서 성공과 실패는 몸을 꺾는 방향으로 체중을 실어야 하는데 무서워서 몸을 반대로 젖히면 미끄럼 타기를 하게 되어 충분한 연습을 낮은 슬로우프에서 한 후에 상급자 코스를 시도해야 한다.

눈깔아

3층과 30층의 차이는?

현대사에서 뺄 수 없는 것이 바로 아파트다. 초기 아파트는 엘리베이터가 없어서 주로 5층이 최고층이었다.

복도형 아파트 같은 층은 서로 얼굴을 볼 수 있어 최소한 같은 층은 이웃이란 느낌이 들었다. 그러나 계단형 아파트가 들어서면서 바로 옆집에 사는 사람만 알 수 있는 구조로 바뀌었다. 아마도 엘리베이터가 지원되자 통로형이 자연스럽게 복도형을 고사시킨 것 같다. 그 결과 이웃이 더욱더 적어져서 마주 보는 집을 제외하고는 물리적인 이웃은 한 채로 국한되었다.

실제로 엘리베이터를 타면 같은 통로 이웃임에도 불구하고 서로 묻지 않기에 엘리베이터 안에서 천장을 바라보아야 하는 어색함이 습관화되어 있다.

보안은 처음에 열쇠로 여닫는 아파트로 출발했다가 비밀번호를 입력하는 디지털도어락으로 대다수 아파트가 바뀌었다. 디지털도어락의 장점은 열쇠라는 무거운 쇳덩이를 가지고 다닐 필요가 없다는 점이다. 비밀번호만 기억하여 정확하게 누르기만 하면 열리게 되는 편리함으로 인하여 널리 애용되고 있다.

3층 퍽 아아아아아아아아아

30층 아아아아아아아아아아아 퍽

돈 주고 철창에 들어가는 것은?

동물원과 사파리의 차이점은 간단하다. 동물원에는 사자가 우리에 갇혀 있지만, 사파리에는 사람이 우리 속에 갇혀 있다. 그래서 사자의 입장에서 보면 사람들이 비싼 입장료를 내고 감옥 같은 철장에 들어가는 것과 같다.

10년 전 여름에 용인 에버랜드에 있는 사파리를 구경하였다.

역시 사파리는 단연 최고의 인기를 누리고 있었다. 줄을 2시간 동안 서다가 차례가 되어 이동식 감옥에 들어가서 기대를 잔뜩하고 관람을 시작했다. 그런데 별로 보고 싶지 않은 곰만 걸어 다녔다. 정작 보고 싶었던 사자나 호랑이는 보이지 않았다.

그런데 누군가 사자 저기 있다고 했다. 그쪽을 바라보니 사자가 떼죽음을 당한 것처럼 집단으로 누워 있었다.

모두 더위에 지쳐서 야성을 버리고 누워 있었다.

망할 놈의 사자들, 그 야성을 보러 비싼 돈 내고 들어왔는데…….

사파리

신경만 제외하고 다 치료하는 의사는?

파킨슨병은 신경과와 신경외과에서 다루는 주요한 질병 중에 하나이다. 현재까지 치료제가 없어서 우리나라에서는 15만, 전 세계적으로 약 천만이 고통을 받고 있다.

저자는 2013년에 세브란스 병원에서 진단을 받은 후에 신경과 의사 선생님께 약물치료를 받아오다 더는 약물로 힘들다고 여겨 신경외과 주도로 2017년 3월에 뇌수술을 받았다.

수술 역시 할 수 있는 조건은 75세 이하이고, 치매검사를 받은 후 당뇨나 고혈압 증세가 없어야 가능하다. 수술 결과가 좋은 편이라서 거의 활동이 불가능한 영역이었던 보행, 샤워, 화장실 가기, 식사하기 등이 독립적으로 실행할 수 있게 되었으니 제2의 인생을 살고 있는 셈이다.

파킨슨병은 약물로 다스림이 가능할 경우 on 상태가 되면 정상적인 움직임을 할 수 있고, off 상태가 되면 움직이는 일을 마음대로 할 수 없다. 그런데 의사 본인이 그 on/off 상태를 경험해 볼 수가 없으니 환자의 정확한 상태를 알기 어렵고, 따라서 정확한 진료를 하기도 더욱 어려운, 힘들고 까다로운 병이다.

환자는 매년 늘어나고 전문의의 수는 한정되어 환자가 의사를 면담할 시간은 약 5분 이내로 제한받는다. 그래서 나는 『안녕 파킨슨』이란 책을 출간했다. 내가 경험한 사실을 토대로 환자의 입장에서 궁금증을 풀어주고자 했다. 혹시 이 책을 읽다 주변에 파킨슨병으로 고통 받고 있는 환우가 있으면 『안녕 파킨슨』을 통하여 좀 더 슬기롭게 이겨낼 수 있길 바란다.

신경외과

이발사를 다른 말로 하면?

며칠 전 둘째가 태어난 1992년에 내가 학회에서 발표한 논문을 찾다가 지도교수이셨던 Wilson 교수님의 링크가 걸려있어서 눌러봤다. 그랬더니 아뿔싸, 거기에는 율 브리너를 연상케 하는 대머리 소유자가 계셨다. 어쩌다가 이렇게 되셨는지 안타까움이 앞섰다. 내가 박사과정을 할 때만 해도 지도교수님의 머리는 완벽하게 덮여 있었다.

영어로 시를 쓸 정도로 고급영어를 구사하셨던 교수님께서는 나에게 영어를 못 한다고 구박하시며 집에서 아내와 같이 영어를 쓰라고 권하셨다.

난 늘 전공과 함께 영어에 시달려야 했다. 다른 한국 유학생들은 중국인을 지도교수로 두고 있어서 영어는 서로 비슷한 수준이라 전혀 문제가 되지 않았다. 그러나 윌슨 교수님께서는 고의로 어려운 단어를 골라 쓰기 때문에 난 무척 괴로웠다.

그러나 그것이 나를 키우기 위한 교수님의 의도된 훈련임을 시간이 지난 뒤에 알게 되었다.

중국인 제자도 있건만, 지도교수 머리가 저 정도 될 때까지 그냥 두다니….

숱 많은 세상에서 다시 태어나기를 원하는 풍성교(가장 인기 있는 탈모치료제 그룹)라는 사람들에게 연락을 해봐야겠다.

헤어지기

무당일을 영어로 하면?

우리 가정은 무신론 불신자 집안이다. 우환이 있을 때마다 무당을 불러 굿을 했다. 이런 무당들의 공통적인 특징은 요란하다는 것이다.

잡신은 시끄럽게 해야 관심을 받는다. 즉, 잡신을 불러낸 무당은 물론이고 잡신 역시도 어려움에 부딪힌 대상에 대하여 연민이나 사랑을 바탕으로 하지 않는다. 이것이 바로 잡신의 한계이고 본성이다. 이런 잡신의 한계는 성경 「열왕기상」 18장에 잘 나와 있다.

이런 무관심과 타락한 신에게 우리가 관심을 가져봐야 아무런 유익이 없다.

굿잡

엄마가 요리하면?

나는 신혼 초에 음식의 간이 맞지 않아서 애를 먹었다. 아내는 싱겁게 먹는 편이라 모든 음식이 다 싱거웠다. 너무 싱겁게 먹다 보니 음식을 먹어도 먹은 것 같지 않았다. 그래서 난 매번 밥상 앞에서 소금을 뿌려야 했다. 때로는 어머니의 음식이 그리웠다.

이처럼 대부분의 결혼한 남자들에게 어머니가 해주는 밥상이 아내가 준비한 밥보다 더 맛있는 이유는 무엇일까? 가장 근본적인 이유는 우리 입맛이 어렸을 때 결정되기 때문이다. 어머니의 음식은 이 시기에 결정적인 역할을 한다.

그런데 음식의 맛에서 가장 중요하고 간결한 요소가 간이다. 아무리 산해진미(山海珍味)가 있어도 간이 맞지 않으면 음식은 의미가 없어진다. 그리고 간이라는 것은 소금의 양에 의하여 결정된다. 결국 어릴 때 맛본 음식의 간이 우리의 평생 입맛으로 기억되는 것이다.

모조리

대학을 오래 다닌 형은?

학부 때 내 전공은 기계 공학이었다. 그러나 이 기계 공학은 내가 좋아하는 학문이 아니었다. 난 나와 비슷한 친구를 만났고 그 결과 환상의 콤비로 학부 시절 어깨동무하고 서로 방황의 끝을 찾아 헤맸다.

그 이후 교수가 되었을 때 난 적성 때문에 고생하는 학생들에게 긍휼한 마음으로 대해 지도해서 하고픈 공부를 부전공으로 할 수 있게 도와주었다.

한국 교육의 특징은 적성에 맞지 않는 공부가 얼마나 고통스러운 것인지 알 수 없는 제도로 만들어져 있다는 점이다. 한번 전공이 정해지면 그걸 바꿔 공부하는 것이 너무도 힘들게 제도화되어 있다.

나 같은 경우는 고등학교 2학년 때부터 문과/이과로 나누어서 아예 뿌리부터 전과를 막아버리는, 산업형 인재를 키워가는 교육을 난 극단적으로 혐오하였다. 난 도저히 한국에서 전과 문제가 해결되지 않아서 미국을 가야 할 상황이었다.

미국이 부러운 것이 결코 하드웨어가 아니었다. 자유와 선택이 구속되지 않는 시스템이 부러웠다. 즉 전공을 학생 마음대로 바꿀 수 있는 그 자유가 부러웠다.

미국 아파트에는 공용 스피커가 없다. 공용 스피커는 사생활 침해로 여기고 모든 공지 사항은 공고나 알림판에 쪽지로 알린다. 위급한 사항 때문에 스피커를 쓴다고 하는데, 내가 볼 때는 통제하기 좋아하는 군사 문화의 잔재이지 결코 위급용으로 쓰여 경보 역할을 하지 못한다. 오히려 경보기가 잘못 울려서 밤중에 피신하는 촌극을 벌이기도 했다.

학부형

출구 쪽에 주로 진열하는 과일은?

우즈베키스탄을 방문했을 때 들은 이야기이다.

학생의 사촌 형은 우즈베키스탄에서 포도 농사를 짓고 있었는데, 어느날 수확한 포도를 차에 싣고 모스크바를 향했단다. 그런데 소련으로부터 분리 독립하기 이전에는 없었던 검문소가 카자흐스탄 국경에서 설치되어 있었다.

신분증을 보여주자 포도 두 상자를 통행세로 바치라고 하며 검문도 시작했다. 그 사촌 형이 왜 그전에 없었던 통행세를 내라고 하느냐고 따졌더니 우즈베키스탄과 카자흐스탄은 더는 같은 나라가 아니니까 통행세를 내고 지나가야 한다고 명령했다는 것이다.

문득 중국이 떠올랐다. 중국 윈난성에서 길림성까지 오는 데에 6개의 성을 통과해야 한다. 만약 중국이 통일되어 있지 않다고 하면

원난성의 남방 과일을 결코 먹을 수 없을 것이다.

통일의 반대가 독립이지만 이런 일을 겪으면 결코 분리 독립이 좋은 소식만은 아닌 듯싶다.

감

나무가 싫어하는 영어단어는?

이번에는 『가문비나무의 노래』라는 책을 소재하고자 한다.

난 중국에서 가문비나무 숲을 본 적이 있다. 중국에 있을 때는 성냥 꼬챙이로 사용된다고 들어서 별로 관심을 가지지 않았으나, 이 나무가 바이올린을 만드는 데 사용된다는 말을 듣고 관심이 생겨서 책을 읽기 시작했다.

난 가야금과 거문고를 만들 때 오동나무를 사용한다는 말을 들었지만, 과연 어떻게 만들었는지 궁금했다. 그러나 이 책은 어떻게 만드는가에 관한 책이 아니라 가문비나무를 깎고 대패질하듯이 나를 다듬어가는 과정을 예리한 눈으로 관찰한 책이다.

한 구절 인용하자면 다음과 같다.

"우리는 자유로워지고 싶어 합니다. 아무것에도 복종하고 싶어 하지 않습니다. 그래서 소명의 삶을 시작할 때 괴로움을 겪습니다. 우리의 자유가 사랑에 복종해야 하는 까닭입니다. 자유를 최우선으로 하는 사람은 삶의 의미를 잃게 됩니다."

Baverage(베버리지)

어느 나라 선수가 시합 중엔 화장실에 가지 않을까?

참 재미있는 질문이다. 그 누구도 생리현상은 거역할 수 없다. 아무리 대단한 시합이라고 할지라도 장의 호출은 피해갈 수 없다. 그럼 왜 그런 선수가 적은가를 추측해보면 모두가 볼일을 보고 시합에 임하기 때문이다. 그런데 그렇지 못한 경우에는 탈이 났기 때문이다.

실례로 온두라스 축구선수 음식에 설사약과 수면제를 넣어서 경기 중 화장실 가게 만든 엘살바도르의 호텔 주방장으로 인해 양국이 5일간 전쟁을 벌여 4,000여 명이 사망하는 사건이 발생했다.

가장 최근 일로는 손흥민이 소속된 토트넘 소속의 에릭 다이어 선수가 시합 도중에 사라진 일이 있다. 수비수가 보이지 아니하자 감독인 무리뉴가 찾아 나서 결국 화장실에서 볼일 보고 있는 다이어를 찾아 데리고 왔다. 다행히 골을 먹지 않았기 망정이지, 골을 먹었더라면 두고두고 회자되었을 것이다.

일본선수

장의사가 자주 쓰는 말은?

'장례지도사'라고 들어본 적이 있는가?

상(喪)이 났을 때 시신을 잘 수습하고 손님맞이와 각종 예식에 맞추어 잘 마무리하도록 도움을 주는 전문가다.

'장례지도학과'는 을지대학을 필두로 2000년 초반에 설립되었다. 물론 이 분야 역시 취직이 잘 된다 해도 직업에 대한 소명 의식이 없으면 대단히 스트레스가 많은 직업이다.

이처럼 우리는 소위 '웰 다잉(Well-Dying)'에 대한 관심이 이제서 시작되어 관련 학과들이 생겨나고 있다. 그러나 선진국과 비교할 때 가장 많이 차이가 있는 분야가 회복술이다. 즉 시신의 모습을 돌아가시기 전의 모습보다 더 젊게 회복하는 기술로, 상당한 노하우와 기술이 요구되는 분야다.

과거에 암으로 돌아가신 분의 시신을 마치 살아 있는 모습으로 회복시켜 마지막 작별을 실감나게 한 적이 있다. 그러나 암인 경우에는 피부가 검게 타서 미국도 이 부분은 해결하지 못한 것 같았다.

선진국으로 가는 길에 갖춰야 할 여러 덕목 중에 장례문화 역시 포함되는 것이니 우리나라 고유의 전통과 종교가 결합한 선진적 장례문화가 정착되기를 바란다.

관두라

부인이 사망했는데도 살아있다고 주장하는 사람은?

인간의 역사는 끊임없이 속박이 없는 자유를 추구해왔다. 예수님께서는 "진리가 너희를 자유롭게 할지어다."라고 하셨다. 그래서 자유를 추구하는 삶이 마치 진리인 것처럼 들린다, 물론 인간은 억압받지 않을 권리와 존엄성을 가지고 태어났다. 그래서 누릴 수 있는 자유는 최대한 제도적으로 보장되어야 한다. 왕권정치와 전제 정권은 권력의 분산과 견제와 균형을 외면하고 독재를 통하여 백성들의 자유를 억압해 왔다.

이런 정권은 귀족과 금수저 출신 세력과 결탁하여 백성의 고혈을 짜내고 자신의 부귀와 영달을 위해 민초들에게 과도한 세금을 부과하고 언론을 막은 채 오랜 세월 동안 권력을 독점하였다. 우리나라는 주로 친일세력과 타락한 고급 관료들에 의해 자유가 억압되는 역사를 자행하였다. 이런 세력은 수구 보수파로 남아서 적폐 청산의 대상이 되고 있다.

그런데 언뜻 보면 우리 크리스천은 이런 움직임과는 정반대의 길로 가야 할 것 같다. 마치 우린 모두가 진보 세력이 되어야 할 것 같은 착각에 빠지기 쉽다.

하지만 공산주의의 기본사상은 하나님이 배제된 루소의 자연주의에 입각한다. 루소는 인간의 모든 문제를 자유가 억압당하기 때문으로 돌린다. 그래서 그는 모든 권위를 부정한다. 법원, 학교, 심지어 교회마저 부정하고 완전히 무에서 출발한다. 따라서 자유를 억압하는 모든 질서와 권위를 가진 집단은 사라져야 한다고 주장하며, 이러한 사고는 피의 숙청의 상징인 프랑스 혁명의 밑거름이 된다.

이후 이 사상은 소련의 공산주의 혁명에까지 영향을 미치게 되었다. 하나님이 배제된 움직임에는 반드시 피의 대가를 치러 수백만이 생명을 잃게 되는 결과를 가져온다. 프랑스 혁명에서 죽일 사람이 너무 많아서 단두대를 만들어 죽인 사실은 하나님이 배제된 역사가 얼마나 처절하고 비참한지를 보여준다.

진보적 사상은 경제에도 적용되어 이른바 자유주의 경제가 등장한다. 자유주의 경제란 국가가 전혀 관여하지 않고 모든 경제활동은 시장에 맡긴다는 주의이다. 미국은 1930년에 이 자유주의 경제를 도입하여 정부가 손을 놓고 있는 사이에 시장은 극도의 경쟁과 혈투 속에서 과잉생산의 부작용이 발생했다. 물가가 하락하고 공장이 도산하면서 구매력이 떨어지는 이른바 대공황이 바로 그것이다. 권위를 가진 국가가 수수방관하면 경제가 혼란스러워진다는 사실을 경험을 통하여 알게 된 미국 정부는 뉴딜정책을 시행함으로써 국가가 지닌 권위를 사용하게 된다.

우리는 모두 진보 성향, 보수 성향을 가질 수 있지만, 진보주의자나 보수주의자가 되어서는 안 된다. 왜냐하면 둘 다 하나님이 배제된 채 인간중심의 활동을 하기 때문이다.

"우리가 그들의 맨 것을 끊고 그의 결박을 벗어버리자.(「시편2」)"하는 행위가 모두 이 세력들이 추구하는 본연의 모습임을 기억해야 할 것이다. 우린 예수님께서 말씀하신 자유와 인간이 속박을 풀면서 나오는 자유가 다르다는 사실을 알아야 할 것이다. 하나님이 배제된 자유는 방종이 포함된 피를 부르기 때문이다.

산부인과 의사

설날의 설거지물이 추석의 설거지물보다 더러운 이유는?

인간은 본능적으로 자신과 가깝거나 안면이 있는 사람에게 친절을 베풀고 호의적인 반응을 보이지만 잘 모르는 사람에게는 무관심하거나 쌀쌀한 시선으로 대한다. 심지어 교회 안에서도 친한 사람에게는 미소 지으면서 인사하지만, 통성명을 한 적이 없거나 안면이 없으면 모르는 척 외면하고 지나친다.

이런 현상은 대형교회일수록 더욱더 심각하다. 대형교회의 엘리베이터에서 몸이 서로 그렇게 가까이 있으면서도 모르는 사람인 경우는 천장을 쳐다보고 인사하지 않는 신자가 대부분이다. 분명히 같은 교회 교인이고 지금 같이 예배를 참석하러 가는 교우인지 알면서도 안면박대하고 엘리베이터의 문이 열리면 부리나케 빠져나와 어색한 분위기를 모면하는 신자들이 바로 우리 자신들이며 우리 형제자매들이다.

말로만 형제자매지 이런 관계는 북한 동무들의 관계보다 더 멀게 느껴진다. 북한에서는 설 때가 되면 김일성 동상에 가서 절하고 아파트 1층에서 꼭대기 층까지 집마다 방문하여 세배하며 음식도 나누어 먹는다고 한다. 우리식으로 하면 예배드리고 교제를 하는 셈인데, 이웃 간의 친밀도 측면에서 우리가 훨씬 부족하고 부끄러운 수준임을 알 수 있다.

사도 바울은 한 번도 본적이 없는 골로새 교인들을 위해서 기도하고 위로하고 편지를 썼다. 즉 바울은 보이는 관계에 연연하지 않고 혈연·학연·지연을 뛰어넘는 걱정과 고통을 같이하며, 기도하고 권고하고 있다. 그리고 그 마음 씀씀이 얼마나 애절한지, 내가 얼마나 힘쓰고 있는지 아느냐고 반문한다.

그러나 우린 쉽게 "아니 우리가 알고 있는 사람을 위해서도 제대로 기도하지 못하는데 얼굴도 본 적 없는 사람들을 기도해야 하나요."라고 대꾸하고 싶어 한다. 그리고 그것은 사도 바울 정도 수준의 신앙이 되어야 할 수 있는 경지의 기도가 아니냐고 말할 수 있다. 하지만 우린 어떤 측면에서 자신의 가족과 지인들 사이에서 영적인 아브라함이다. 즉 갈대아 우르에 있는 고향, 친척, 아버지를 떠나야 하는 아브라함이다. 갈대아 우르가 바로 우리의 시야로 국한된 관계에서 오는 혈연·학연·지연의 굴레를 의미한다. 따라서 한 번도 본적이 없는 길거리에서 길을 묻는 행인이나 통성명을 하지 못한 교인들에게 따스한 눈빛으로 대해야 우린 진정한 하나님 자녀의 자격에 걸맞은 사람이 되는 것이다. 그리고 아프리카에서 말라리아와 기근으로 죽어가고 있는 이름 모를 어린이, 시리아 내전으로 난민이 된 중동의 어린이들에게 관심은 물론이고 함께 고통을 느끼며 슬퍼하는 마음의 경지로 나아가야 한다.

그러나 이러한 태도 변화는 하루아침에 이루어지지 않는다. 먼저 하나님 사랑의 크기와 높이와 넓이를 날마다 기도로 체험하고, 그 사랑이 나와 이웃 사이에 녹아내려 본드처럼 합체될 때 우리는 이웃의 아픔과 영적 전투의 현장을 체휼하는 기회를 맞게 될 것이다. 오늘날 여의도의 정당이 쉽게 분당하는 것도 그들을 연결하는 본드가 바로 자신들의 탐욕과 이기심이기 때문이다. 마찬가지로 교회사를 통해서도 우리를 연결하는 본드가 사랑 안에서 연합되지 않을 때 교회와 교단은 분열을 거듭하게 되었다는 사실을 깨달아야 할 것이다.

다시 말하면 우리가 아무리 겉으로 완벽하게 준비하고 봉사하며 섬긴다고 하더라도 하늘로부터 오는 하나님 사랑의 유전자를 가지고 나아가지 않는다면 우린 패킹 없는 파이프에 물을 보내는 결과를 맞이할 것이다. 아무리 수도꼭지가 튼튼하고 녹슬지 않는 스테인리스강이라고 할지라도 그 사이에 부드러운 고무 패킹이 없으면 물이 새어서 원하는 수량을 공급받지 못한다. 물론 우리의 모든 활동과 영역에 반듯하고 단단한 파이프와 수도꼭지 같은 헌신과 노력, 희생이 요구된다. 그러나 하나님 사랑과 같은 부드러운 고무 패킹이 빠지면 모든 것이 허무한 일임을 되새겨야 할 것이다.

구정물

사회성이 좋은 개는?

어린 시절을 시골에서 보낸 나의 경험을 한 단어로 표현하자면 '친밀감'이다. 동네 이웃들은 대부분 20촌 이내의 친척들인지라 어른들을 만나면 늘 인사했고, 밤마다 친구 집에 모여서 이야기꽃을 피우거나 담배를 몰래 피우는 등 어른 흉내를 즐겼다. 그러다 보니 이웃집에서 키우는 가축이 몇 마리인지와 강아지 이름까지 기억하고 있다가 강아지가 지나가면 부르기도 하였다.

그런데 도시로 유학 온 뒤에는 이런 방식대로 살아갈 수 없다는 것을 알고 시간이 지나면서 도시 사람들의 특유한 무관심으로 얼룩진 생활 패턴을 몸에 익히며 살아가게 되었다. 그럴 수밖에 없는 것이 인사를 해도 인사를 받지 않고 모두 어디에 쫓긴 듯이 종종걸음으로 달려가는 도시인들에게 난 친밀감을 찾아볼 수 없었기 때문이다.

이런 데 익숙한 채로 방학이 되어서 시골에 내려가면 처음에는 너무도 낯설고 어색한 행동을 하는 자신을 보고 깜짝 놀라서 두문불

출하곤 했다. 반갑게 미소 짓는 친척 어른이 나에게는 부담스러워졌다. 모두가 낯설게 느껴졌다. 그동안에 도시인들의 무관심에 나도 물이 든 것이다. 이런 나를 그냥 두지 않는 이들은 고향 친구이다. 대문 앞에서 내 이름을 부르며 같이 놀자고 한다. 처음에는 그 소리마저 피하고 싶었지만 계속 불러대는 그들의 성화에 못 이겨 대문을 열고 나간다. 이것으로 생소한 거리감은 한방에 날아 가버렸다.

우린 끊임없이 사탄이 지배하는 현대 문명에 익숙해져 있다. 특별히 매스컴은 이웃에 관심을 가지란 말 대신 같아지고 싶은 상품을 가져야 행복하다고 부추긴다. 그래서 상품을 가지기 위해서 무한 경쟁에 뛰어들어 눈코 뜰 새 없이 바쁘게 산다. 이런 상품과 재화가 모인 곳에 사람들이 몰려들고 거주 비용은 상상을 초월하여 올라가서 젊은이들은 주거지 구매를 포기하고 만다. 보이는 공간에 집착한 어른들의 욕망이 남긴 것은 젊은이들에게 천문학적인 집값을 안겨주고 이른바 삼포세대(연애, 결혼, 출산 포기)를 낳게 되었다.

보이지 않는 세계에 대한 생소함이 만연한 이 세대의 비극은 날이 갈수록 예수님의 화해 능력에 의지하지 않고 자신과 돈과 성취감을 쫓아 사는 현대인들의 태도 인한 것임을 성경은 증거가 된다. 사고로 내일 세상을 떠날 줄도 모르는 현실 속에도 아직도 하나님이 낯설고 친밀하게 느껴지지 않는 삶을 살고 있다면 얼마나 안타까운 일인가. 우린 대문 밖에 우리의 이름을 부르고 계시는 친구이신 예수님의 음성에 귀 기울이며 버선발로 달려가서 문을 열고 그분의 환한 웃음 어린 얼굴에 감격해 하고 그 따스한 품에 안겨야 한다. 왜냐하면 이것만이 진정으로 하나님과 화해하는 길이기 때문이다(요한계시록 3:20).

부침개

잘 속이는 호랑이는?

우린 자연은 정직하다는 말을 자주 듣고 또한 스스로 자주 쓰기도 한다. 사업상으로, 혹은 인간적으로 배신을 당한 경험이 있는 사람들이 깊은 산속이나 광활한 바다를 보면서 고백하는 말이다. 즉, 콩 심은 데 콩이 나고 팥 심은 데 팥이 나는 자연의 원리 중심에 이 정직이 있다고 여기게 된다.

인간은 부패와 타락으로 얼룩져서 대부분의 순간을 거짓된 몸짓으로 살아가고 있다는 것을 매스컴을 통하여 자주 목격한다. 얼마 전부터 김영란법이 시행되었다. 뇌물 공화국의 작태를 막아보자는 취지에서 출발한 것이며, 인간의 부패에 대한 감시 장치가 작동된 대표적인 강력한 법으로 식사 3만 원, 선물 5만 원, 경조사비 10만 원으로 제한하는 기본 틀을 가지고 출발했다.

그러나 인간의 거짓과 부패의 원인이 어디에 있는지 모르면 단지 법이니까 억지로 지키는 수준을 넘지 못하게 된다. 우선 자연이 정직하다고 느끼는 이유는 하나님의 계획과 의도에 해서 그렇게 운행되도록 설계되었기 때문이다. 연어가 1,000km를 여행한 뒤에 알을 낳고 사망하거나, 애벌레가 자라서 나비가 되거나, 코스모스 잎이 8개인 이유도 다 하나님께서 주도적으로 시작하시고 그분의 의지와 뜻에 따라서 자연이 흘러가고 있기 때문이다.

우리 숙소에 어린이가 많다 보니 젊은 아버지들이 닭장도 만들고 그 안에 병아리를 사서 키웠다. 그런데 몇 달이 지나자 병아리가 자라서 어미 닭이 되는 과정을 목격하게 되었다. 그중에서 수탉은 다 팔아서 보내고 한 마리만 남았는데, 이 녀석이 대단한 모습을 보여주었다. 먹이를 던져 주면 정규 식사를 제외하고 절대로 자신이 먹지 않고 양보하였다. 한술 더 떠서, 딱딱한 것은 자신의 입에 넣었다 다시 암탉에게 전해주는 놀라운 과정을 보고 수탉의 신사도 정신에 감탄하였다. 그러나 이것 역시 본능이라는 하나님의 설계에서 이루어진 것이지 자유 의지를 지닌 인간의 사랑과 비교할 수 없는 것임을 알게 되었다.

인간이 정직하지 않은 이유는 바로 자유 의지를 가지고 있기 때문이다. 자유 의지는 우리가 거짓말을 할 수도 있고 그렇지 않을 수 있는 권리를 부여받았기에 발생한다. 이 엄청난 선물인 자유 의지는 선한 목적을 위해 하나님께서 주신 것이다. 두 인격체가 진정한 사랑을 하려면 상호 조정과 자신에게 유리한 간섭, 그리고 의도와 설정이 없어야만 가능하다.

자유 의지가 주어지지 않았다면 우린 하나님을 진심으로 사랑할 수도 없고, 하나님께서도 우리를 참으로 사랑한다고 볼 수도 없다. 이런 맥락에서 우린 애완동물을 좋아한다고 해야지 사랑한다고 하면 틀린 표현이 될 수밖에 없다.

이런 자유 의지를 인간은 타락 이후에 그릇된 곳에 잘못 사용하여 역사를 오염시켰다. 그중에서 가장 심각한 것이 바로 거짓말이다.

가장 흔하게 목격되는 거짓 행위로, 성경에서 가인이 자기 동생이 아벨을 죽인 이후에 하나님께서 아벨이 어디에 있느냐고 물었을 때 모른다고 한 일이 그 대표 사례다. 인간의 대표적인 이 거짓 행위는 자신의 죄를 숨기기 위해서 인간이 선택하는 가장 원초적인 반응이며, 이런 가인의 행위는 인류 역사 속에서 수많은 거짓말로 거듭되어 오늘에 이르고 있다. 정치인들이 뇌물을 받고도 받지 않았다고 하거나, 기업인들이 뇌물을 주고도 주지 않았다고 하는 참과 거짓이 극명하게 드러나는 거짓말이다. 이런 거짓말은 어린아이들에게 자주 나타나는 행위로, 주로 비난이나 처벌이 두려워서 나오는 가인의 거짓말이다. 자기 욕심을 채우기 위해서, 다른 가족을 위해서 남겨둔 음식을 몰래 먹고도 안 먹었다고 한다든지, 형이나 동생의 소유 물건을 사용하고도 안 했다고 한다든지, 심지어 훔치고도 자신은 모른다고 하는 등의 거짓말이다. 그런데 이런 거짓말은 오히려 결과가 분명하게 드러나기 때문에 뉘우침과 반성의 가능성이 높다.

인간은 결코 완벽하게 사물을 인식하고 판단할 수 없는 존재이다.

성경에 의하면 우린 모두 살인자의 후손이다. 하지만 법 없이 살 수 있다고 장담하는 불신자들은 공통적으로 자신들이 윤리와 도덕에 맞게 살고 있다고 믿는다. 스스로 원초적인 살인자라는 것에 동의하지 않는 거짓된 법을 믿고 살아가기 때문에 전도하기가 가장 힘든 부류이다. 그래서 예수님께서 오셔서 이런 부류의 사람을 처음부터 끝까지 독사의 자식이라고 칭하시며 경계하시고 경고하셨다.

이런 위험성을 다 아시고도 동물과 다르게 자유의지를 주신 주님의 사랑이 한없이 넓고 크다는 것을 고백하지 않을 수 없다. 그런 면에서 우린 자녀교육에서 하나님의 지혜로 좀 더 느긋하고 긴 안목으로 키울 필요가 있다. 현재 자신의 기준에 차지 않는다고 자녀에게 훈육의 프로그램을 강조하면 우린 자유의지의 인격체보다는 프로그램된 유순한 동물이 되거나 여기에 반항하는 맹수와 같은 자녀를 키우는 우를 범하게 된다. 그 결과 부모와 성장한 자녀 간에는 진정한 사랑이 무엇인지 모른 채 살아가는 불행한 가정으로 전락하여 많은 사회적 문제를 일으킬 것이다. 땅콩 회항 사건이나 대학 교수가 친부를 살해한 사건 역시 진리인 하나님의 법을 걷어내고 인간이 만든 질서유지 차원의 법에 몇 가지 사실과 섞어서 살아가면서 하나님을 외면하는 이 세대가 겪는 고통의 신음이다. 찬송가 515장은 "눈을 들어 하늘을 보라 어지러운 세상 중에 곳곳마다 상한 영의 탄식 소리 들려온다."라고 시작한다. 이런 세상에 우린 살고 있다.

어떻게 살아야 하는지 도전받고 있다.

사기범

장문 유머

사장을 납치하여 인질로 삼을 때 돈과 사장을 교환할 때 하는 말은?

–피해자 측에서 돈을 주면서 하는 말은? “돈 자”

–인질범이 하는 말은? “대표~자”

피해자 가족이 돈 자(미친놈, 돈 여기 있다)라고 한다. 미친놈은 인질범이라고 생각하지만. 돈보다 사람의 목숨이 귀해서 주는 돈이기에 가족은 돈을 건네주면서 인질범을 속으로 비꼬고 있다. 이런 짐승보다 못한 인간들이 없는 세상이 오기를 바란다.

그러나 세금을 탈세하고 버젓이 활보하고 다니는 얼굴 두꺼운 자도 있다. 어쩌면 이런 돈이 인질범에게 들어가기에 인질범이 더욱 기승을 부리고 죄의식 없이 살아가는지 모르겠다.

고액탈세자 집을 세무서 직원이 급습하자 그 집 안주인은 왜 연락도 없이 와서 털어가느냐고 적반하장 식의 말투로 기선을 제압한다. 그리고 자신의 딸이 고3인데 어떻게 소란을 피우냐고 고래고래 소리쳤다.

세무서 담당 직원들은 눈치를 보며 미안해 하는 표정으로 서 있었다. 정말로 국가관이란 터럭만큼도 없는 공무원들이었다. 그렇게 많은 돈을 탈세하는 것이 얼마나 부끄러운 일인지를 그 집 딸이 공부를 멈추고 와서 보도록 해야 한다. 좋은 대학에 간다면 썩어 문드러진 국가관은 아무런 문제가 되지 않는 대한민국 현주소가 개탄스럽다.

술 한잔한 남성의 선택

고려 무신 정권 시대에 무인들은 정부 공식적인 기관을 무시하고 자신의 사조직을 최고의 의사결정기구로 이용하였다.

정중부는 중방

경대승은 도방 (도방은 의결기구가 아닌 경대승의 경호원들이었음)

최충헌의 아들 최우는 정방이란 이름으로 자신의 권력을 보호하고 유지하였다.

그럼 지금 술 한잔한 남성들이 무신 정변을 일으키면 어떤 이름으로 정권을 유지할까?

노래방

할아버지와 양로원

어느 양로원 근처 사람들이 많이 모인 공원에서 할아버지 한 분이 동냥을 하고 있었다.

90세가 넘은 할아버지는 연신 기침을 콜록대고 있었다. 하도 딱해 보여서 지나가던 행인 한 사람이 "할아버지 부양할 가족이 없으세요?"하였다.

"없기는 왜 없어. 70살 먹은 아들이 있지."

듣고 있던 다른 행인이 "그럼 아들이 부양하면 되잖아요?"하고 어이없다는 표정을 지으며 말했다.

할아버지는 "부양할 아들은 나를 돌볼 수 없다네."라고 하셨다.

"아들이 몸이 아프세요?"라고 묻자,

“아들은 건강해.”

“그럼 아들이 왜 할아버지를 못 모시지요?”라고 행인이 묻자, 할아버지가 말씀하시기를.

“망할 놈의 양로원 규칙 때문에….”

양로원 규칙이 어때서요?

“아, 글쎄, 부양가족이 양로원에 있으면 내가 양로원에 들어갈 수 없다고 하는구먼…….”

불공평한 세상

불평불만이 많은 아들을 둔 어떤 아버지가 아들 때문에 애를 먹고 있었다. 특별히 공정하지 않은 것에 대한 과도한 집착과 불평등한 현실에 대하여 병적인 반응을 보였다.

회사를 다닐 때도 월급이 서로 다른 것에 대하여 대노(大怒)하며 사장에게 대들다가 회사에서 잘렸다. 집으로 돌아온 아들은 아버지에게 자초지종을 이야기한 후 그런 회사는 다니기 싫다고 하며 한량처럼 지내곤 하였다. 아들이 일정한 직업 없이 빈둥거리는 것을 못마땅하게 여긴 아버지는 그야말로 종일 앉아있는 묘지지기 자리를 지인을 통해서 소개받아서 아들을 다시 출근시켰다.

첫날 출근하고 돌아온 아들에게 아버지는 공평에 문제가 없었는지 물었다. 그러자 아들은 버럭 화를 내며, 온종일 나는 앉아있어야 했고 다른 사람들은 전부 누워있는 이런 불공평한 직장은 처음 보았다고 투덜거렸다.

말하는 체중계

소리를 내는 체중계가 헬스장에 들어오자 사람들은 호기심으로 체중계에 올라가서 체중을 재었다. 정확하게 현재 체중을 말해주는 것이 신기했는지 여러 번 올라가는 사람도 있었다.

그렇지만 중순이는 과연 체중계가 정확하게 말해줄까 궁금하기도 했다. 어느 날 사람들이 별로 없는 한적한 시간에 그녀는 갑자기 체중계에 올라갔다.

그러자 체중계는 "두 사람이 동시에 올라오지 말라고 했잖아."라고 말했다.

(新)신

조삼모사

02

버스비 인상

내일부터
버스비
5% 인상한다.
누구 마음대로
인상이냐?
끼약

지하철과 택시는
무료로 하려고
했더니….
당신은
우리의
대통령감이오.

대학입시

올해부터 등록금을 10% 인상한다.
네가 사람이냐? 아니면 짐승이냐?
까악
전부 서울대 무시험 입학시키려고 했더니….
기부금은 원하는 대로 주겠소.

공짜 스카프

오늘은 특별히
스카프를 공짜로
나눠주겠다.
이 여름에
더워 죽겠는데
무슨 스카프냐!
끼악

명품 브랜드
스카프인데…
지금 당장
목에
걸겠소!

군복무

월급

365

아재개그

03

• WEEK. 1

1월 1일 아침 일찍 새들이 담벼락에 모인 이유는?

1월 2일 아홉 번째 번호를 선택함을 다른 말로 하면?

1월 3일 세상에서 제일 큰 상처는?

1월 4일 장기기증을 했는데도 반응이 무덤덤한 이유는?

1월 5일 한국 돈을 주면서 하는 말은?

1월 6일 가수 보아의 남친 이름은?

1월 7일 사람들이 고양이보다 개를 더 좋아하는 이유는?

1월 1일 새벽이니까

1월 2일 구할래

1월 3일 상처하는 것

1월 4일 장기판과 장기알을 기증했기에

1월 5일 원하니

1월 6일 보아하니

1월 7일 개인기

• WEEK. 2

1월 8일 직장에서 짤리기 직전에 먹는 국수는?

1월 9일 태양력을 기준으로 시간을 매기면?

1월 10일 설날의 선물이 추석 선물보다 더러운 이유는?

1월 11일 어부를 사진 찍을 때 하는 말은?

1월 12일 작당을 잘한 사람이 잘 치르는 시험은?

1월 13일 더 좋은 무기와 힘이 있는데 전쟁에서 지는 이유는?

1월 14일 진짜로 다운로드하면?

1월 8일 파면

1월 9일 해시태그

1월 10일 구정선물

1월 11일 어부봐

1월 12일 모의고사

1월 13일 무기력하기 때문

1월 14일 참다운

• WEEK. 3

1월 15일 액체에 금이 가면?

1월 16일 경마장의 출발신호는?

1월 17일 말론 브란도가 싼 똥은?

1월 18일 키가 작은 남자들이 좋아하는 것은?

1월 19일 아버지가 시각장애인이면?

1월 20일 하늘이 노하면?

1월 21일 엄마가 요리하면?

1월 15일 액기스

1월 16일 마땅

1월 17일 대부분

1월 18일 장난감

1월 19일 부장님

1월 20일 공중분해

1월 21일 모조리

• WEEK. 4

1월 22일 태양열 발전을 시도함을 다른 말로 하면?

1월 23일 배에 불이 났는데 선원들이 빠져나가지 못한 이유는?

1월 24일 무당이 싫어하는 말은?

1월 25일 커플티가 가장 형편없이 작아 보일 때는?

1월 26일 머리털이 잘 빠지지 않는 이유는?

1월 27일 가수 비와 내가 같이 가고 싶은 꿈의 도시는?

1월 28일 불경기로 피해 본 오리는?

1월 22일 솔라시도

1월 23일 화장에 빠졌기 때문에

1월 24일 굿바이

1월 25일 노커플티일 때

1월 26일 헤어지기 싫어서

1월 27일 비엔나

1월 28일 부도덕

• WEEK. 5

1월 29일 장남에게 선자리가 안 들어오는 이유는?

1월 30일 온도계를 늘 가지고 다니는 연예인은?

1월 31일 저당 잡힌 물체에 모기가 들끓는 이유는?

2월 1일 9보다 10이 크다라고 하면?

2월 2일 여우가 바퀴를 달고 있으면?

2월 3일 귀에 먼지가 앉으면?

2월 4일 기계가 고장나면 수리하면서 겪는 가장 잔인한 일은?

1월 29일 마지노선.

1월 30일 소지섭 씨

1월 31일 모기지(Mortgage)

2월 1일 구라지(9Large)

2월 2일 영웅

2월 3일 귀티

2월 4일 애먹음

• WEEK. 6

2월 5일 꽃이 쓰러지면?

2월 6일 낚은 생선만 먹는 사람은?

2월 7일 바닷물이 욕을 하면은?

2월 8일 밥그릇을 들고 먹는 자가 용감한 이유는?

2월 9일 대포를 못살게 하면?

2월 10일 사업하면 피해야 할 동물은?

2월 11일 적에게 창을 던지면서 하는 말은?

2월 5일 꽃다운

2월 6일 나까무라

2월 7일 해수욕

2월 8일 용기가 있어서

2월 9일 포고문

2월 10일 망아지

2월 11일 창자

• WEEK. 7

2월 12일 무당의 근무시간은?

2월 13일 F학점 받은 사람들의 모임은?

2월 14일 태양이 뜨거울 때 먹는 약은?

2월 15일 고려대학과 연세대학 간의 운동 중에 다쳐도 연고를 바를 수 없는 이유는?

2월 16일 세 번이나 밤에 도망친 토끼에게 거북이가 한 말은?

2월 17일 뱀파이어가 피곤할 때 마시는 드링크는?

2월 18일 문을 머리로 받았는데 피가 나오지 않은 이유는?

2월 12일 굿타이밍

2월 13일 IMF

2월 14일 해열 진통제

2월 15일 고연전이니까

2월 16일 야!간도주

2월 17일 피로회복제

2월 18일 윈도우 X피

• WEEK. 8

2월 19일 공포스런 폰은?

2월 20일 외길을 다른 말로 하면?

2월 21일 음주측정을 하고 있는 소는?

2월 22일 남성들이 앞다투어 자원하는 전쟁은?

2월 23일 알파(α)의 반대는?

2월 24일 윷놀이에서 포위망에서 빠져나와 도망에 성공하였지만 진 이유는?

2월 25일 24시간 인터넷을 하면?

2월 19일 대포폰

2월 20일 홀로

2월 21일 불기소

2월 22일 애첩

2월 23일 알사(Egg buying)

2월 24일 도로 잡힘

2월 25일 on종일

• WEEK. 9

2월 26일 돼지에게 소의 기준을 적용하면?

2월 27일 일이 잘 풀리지 않는 오리는?

2월 28일 조선시대 가장 인기 있던 라면은?

2월 29일 나무 두 그루가 붙어서 떨어지지 않는 이유는?(윤일)

3월 1일 발만 보면 환장하는 닭은?

3월 2일 닭들이 최강희 감독을 싫어하는 이유는?

3월 3일 사무실에서 가장 많이 볼 수 있는 동물의 종류는?

3월 4일 바람이 바다보다 산을 좋아하는 이유는?

2월 26일 소급적용

2월 27일 삐거덕

2월 28일 이조라면

2월 29일 두Glue라서(윤일)

3월 1일 발바닥

3월 2일 닥공이니까

3월 3일 양서류

3월 4일 산들산들 불기 때문에

• WEEK. 10

3월 5일 잘 속이는 호랑이는?

3월 6일 눈 대신 귀를 감는 새는?

3월 7일 소화불량인 소가 많은 나라는?

3월 8일 환관 다른 말로 하면?

3월 9일 영혼이 흔들릴 때 필요한 것은?

3월 10일 개가 마음에 안 들 때 하는 말은?

3월 11일 돼지가 예쁜 다리를 가지고 있으면?

3월 5일 사기범

3월 6일 까마귀

3월 7일 우체국

3월 8일 왕의 남자

3월 9일 혼줄

3월 10일 개팔자

3월 11일 피그미족

• WEEK. 11

3월 12일 흑해를 영어로 하면?

3월 13일 멋진 글을 만나면 나오는 감탄사는?

3월 14일 잔인한 비빔밥은?

3월 15일 소가 좋아하는 비는?

3월 16일 이만 보를 가다를 4자로 하면은?

3월 17일 팥죽을 사형시키면?

3월 18일 해명을 잘하는 절은?

3월 12일 Say "Heuk"

3월 13일 와글와글

3월 14일 산채 비빔밥

3월 15일 우비

3월 16일 고만고만

3월 17일 단팥죽

3월 18일 설명절

• WEEK. 12

3월 19일 아버지를 때린 불효막심한 테이블은?

3월 20일 네 끼 밥을 먹는 사람은?

3월 21일 불쾌한 것을 그려도 사람들이 좋아하는 그림은?

3월 22일 이기고 싶을 때 들고 가고 싶은 악기는?

3월 23일 말이 놀라면?

3월 24일 식인종은 엑스트라 배우를 뭐라고 하나요?

3월 25일 서울이 텅텅 비면?

3월 19일 부친상

3월 20일 식사(4)하고 있는 사람

3월 21일 수채화

3월 22일 승승장구

3월 23일 마이크

3월 24일 양념

3월 25일 공수도

• WEEK. 13

3월 26일 졸업이 무척 힘든 대학은?

3월 27일 걸레질을 도와줌을 다른 말로 하면?

3월 28일 높은 돌은?

3월 29일 한국 사람이 관사에 가기를 꺼려하는 이유는?

3월 30일 컵에 있는 물을 마시는 데 걸리는 시간은?

3월 31일 피가 검증되었을 때 하는 말은?

4월 1일 실을 구타함을 다른 말로 하면?

3월 26일 고생대

3월 27일 도움닫기

3월 28일 일등석

3월 29일 한국에는 관사가 없어서

3월 30일 수분내

3월 31일 피마자유

4월 1일 실패

• WEEK. 14

4월 2일 이사 가던 날 회사가 망한 이유는?

4월 3일 화가가 분노에 찬 이유는?

4월 4일 정지우가 김태희에게 사과하면?

4월 5일 어머니를 때린 천인공노할 테이블은?

4월 6일 얼굴만 쳐다보는 말?

4월 7일 '용이 창문으로 나가다'를 다른 말로 하면은?

4월 8일 DJ가 싫어하는 연금?

4월 2일 이사가 가버려서

4월 3일 화가 나있어서

4월 4일 비소리

4월 5일 모친상

4월 6일 얼룩말

4월 7일 고용창출

4월 8일 가택연금

• WEEK. 15

4월 9일 새까만 소를 다른 말로 하면?

4월 10일 옆집 사람이 타락한 이유는?

4월 11일 부지런한 학생은 샤프심을 몇 개 가지고 다닐까요?

4월 12일 위조된 독일 화폐 다른 말로 하면?

4월 13일 자신의 남편만 나타나면 사실이 아니라고 하는 이유는?

4월 14일 때밀이가 좋아하는 사람은?

4월 15일 지구상에서 제일 가고 싶은 곳은?

4월 9일 검소

4월 10일 염문에 휩싸여서

4월 11일 열 개(열심)

4월 12일 비스마르크

4월 13일 부인할려고

4월 14일 올때마다 올(all)때로 덮힌사람

4월 15일 가자 지구

• WEEK. 16

4월 16일 향수병을 향수로 채울 필요가 없는 곳은?

4월 17일 가장 평화롭게 잠드는 시절은?

4월 18일 '반찬아 떠나거라'를 다른 말로 하면?

4월 19일 '독수리 국은 싫어요'를 다른 말로 하면?

4월 20일 노후된 거주지를 정리하는 오리는?

4월 21일 가장 마음이 편안한 소는?

4월 22일 콩으로 가득찬 집은?

4월 16일 고향

4월 17일 고이(高二)

4월 18일 고참

4월 19일 매국노

4월 20일 철거덕

4월 21일 태평소

4월 22일 빈집

• WEEK. 17

4월 23일 불났다고 거짓말 하면?

4월 24일 거북선으로 이루어진 함대를 다른 말로 하면?

4월 25일 '말도 짧아짐'을 다른 말로 하면은?

4월 26일 개의 발이 고급 스프에 속하면?

4월 27일 늘 여섯 글자만 가르치는 사람은?

4월 28일 지독한 사람들이 되어버리는 국가조합은?

4월 29일 곰이 총을 쏘면?

4월 23일 라이타

4월 24일 거북함대

4월 25일 언어도단

4월 26일 개발도상국

4월 27일 교육자

4월 28일 독일과 한국(독한)

4월 29일 곰탕

• WEEK. 18

4월 30일 범인이 마신 물에 악취가 나는 이유는?

5월 1일 쥐가 가장 대접받는 바다는?

5월 2일 문이 네 개 다를 영어로 하면?

5월 3일 짠맛을 모르는 사람은?

5월 4일 쥐를 잡을 필요가 없는 이유는?

5월 5일 검은콩을 영어로 하면?

5월 6일 오지랖이 넓은 성격?

4월 30일 수상한 물이기에

5월 1일 지중해

5월 2일 포도~당

5월 3일 염치불구

5월 4일 쥐고 있기에

5월 5일 sword is bean

5월 6일 나선형

• WEEK. 19

5월 7일 셋방을 찾을 수 없으면?

5월 8일 이모가 직접 그린 그림은?

5월 9일 잔디에 누울 수 없는 이유는?

5월 10일 자수 중 하얀색만 있으면?

5월 11일 닭이 병을 들고 있으면?

5월 12일 '딸아 어서와'를 다른 말로 하면?

5월 13일 꼴찌를 다투는 바다생물은?

5월 7일 방부재

5월 8일 이모작

5월 9일 잠들기 전에 누워야지

5월 10일 수백만

5월 11일 병든 닭

5월 12일 따라와

5월 13일 말미잘

• WEEK. 20

5월 14일 희생적인 동물은?

5월 15일 고장난 물건이 가장 많은 곳은?

5월 16일 자신의 홈페이지를 폐쇄한 뒤에 고치고 있는 스님은?

5월 17일 승차권이 필요 없는 소는?

5월 18일 수요일과 목요일에 나무를 베지 않는 이유는?

5월 19일 이 섬 저 섬 뒤져도 쌀이 나오지 않는 이유는?

5월 20일 소가 하루 종일 쟁기질해도 아무런 표시가 나지 않는 이유는?

5월 14일 포유동물

5월 15일 이 고장 저 고장

5월 16일 공사중

5월 17일 무임소

5월 18일 수목보호

5월 19일 쌀 한 섬 없어서

5월 20일 소일하였기 때문에

• WEEK. 21

5월 21일 장례식장에서 제일 바쁜 네 사람은?

5월 22일 간섭을 심하게 하는 동물은?

5월 23일 치과의사가 제일 반기는 사람은?

5월 24일 발자국 지문이 증거가 되지 않은 이유는?

5월 25일 업무는 하지 않고 늘 관찰하는 사람은?

5월 26일 땅으로 떨어지는 산은?

5월 27일 죽을 싫어하는 사람이 하는 말?

5월 21일 포(four)장이사

5월 22일 개(입)

5월 23일 이상한 사람/아파치

5월 24일 어렴풋(foot)하기 때문에

5월 25일 관찰사

5월 26일 낙하산

5월 27일 가죽

• WEEK. 22

5월 28일 슈퍼맨을 다른 말로 하면?

5월 29일 벌 세 마리가 사용하는 글은?

5월 30일 대문을 그리는 화가는?

5월 31일 '너는 은밀하게 지시하기만 하면'을 다른 말로 하면?

6월 1일 대출이 가장 많은 가장 많은 연예인은?

6월 2일 가위, 바위, 보 중에서 가장 내기 쉬운 것은?

6월 3일 어떤 신발을 신어야 잘 뛸 수 있을까?

5월 28일 초인종

5월 29일 트라이앵글

5월 30일 문화가

5월 31일 넌지시

6월 1일 임채무

6월 2일 보이지

6월 3일 고무신

• WEEK. 23

6월 4일 그냥 보내지 않고 문서에 첨부하여서 보낸 이유는?

6월 5일 작사, 작곡 미상인 군가는?

6월 6일 시험만 치면 늘 1등 하는 동물은?

6월 7일 목소리가 큰 동물은?

6월 8일 수입이 많은 새는?

6월 9일 이발사를 다른 말로 하면?

6월 10일 말이 가장 많이 사는 동네는?

6월 4일 첨부하~여서(처음 부하여서)

6월 5일 누군가

6월 6일 영양(만점)

6월 7일 고래

6월 8일 소득세(새)

6월 9일 헤어지기

6월 10일 마무리

• WEEK. 24

6월 11일 화장실 청소부 중에 많을 것 같은 성씨는?

6월 12일 베트남을 영어로 하면?

6월 13일 한 여자로 만족하지 못하는 남자는?

6월 14일 화가가 자신이 그린 그림을 건네주며 하는 말은?

6월 15일 귀가 긴 새는?

6월 16일 상사 주머니를 소매치기하면?

6월 17일 식탐으로 얼룩진 사상가는?

6월 11일 임시(씨) 변통

6월 12일 베트맨

6월 13일 꼭두각시

6월 14일 그림자

6월 15일 기러귀

6월 16일 보스턴

6월 17일 묵자

• WEEK. 25

6월 18일 추위로 왕이 얼어서 꼼짝할 수 없으면?

6월 19일 철광산을 다른 말로 하면은?

6월 20일 강이 오염되면?

6월 21일 호랑이가 두렵지 않은 오빠는?

6월 22일 반대를 못하는 오리는?

6월 23일 면도날을 싫어하는 나라는?

6월 24일 절이 싫으면 중이 떠나야 하나?

6월 18일 임금동결

6월 19일 철부지

6월 20일 강도상해

6월 21일 오라범

6월 22일 끄덕끄덕

6월 23일 김흥국

6월 24일 인사하기 싫어서 전학을 생각 중인 어느 중2의 고민

• WEEK. 26

6월 25일 남학생이 여학생 자리에 앉아 있으면?

6월 26일 내장 파는 사람이 좋아하는 오락 도구는?

6월 27일 냉장고에 가장 먼저 보관해야 할 물고기는?

6월 28일 강 왼쪽만 출입을 허락하면?

6월 29일 마땅히 지켜야 할 경우에 쓰는 언어는?

6월 30일 바깥 날씨가 추운 것 같아?

7월 1일 많이 배운 사람들이 사용하는 언어는?

6월 25일 걸터앉은

6월 26일 장기판

6월 27일 상어

6월 28일 오픈강좌

6월 29일 도리어

6월 30일 아마추어

7월 1일 인테리어

• WEEK. 27

7월 2일 뚱뚱하고 살찐 사람을 다른 말로 하면?

7월 3일 '미성년자는 성인게임을 계속할 수 없어'를 4자로 하면은?

7월 4일 출구 쪽에 주로 진열하는 과일은?

7월 5일 아내들이 할 수 없는 일이 많은 이유는?

7월 6일 오리가 죽으면?

7월 7일 '비만인 사람은 소형차를 못 탐'을 다른 말로 하면?

7월 8일 물체가 분간이 잘 안되는 이유는?

7월 2일 살 여유가 있는 사람

7월 3일 애지중지

7월 4일 감

7월 5일 부인할 수 없기 때문에

7월 6일 덕아웃

7월 7일 비데소형 모타

7월 8일 분간에 해치워야 하기에

• WEEK. 28

7월 9일 고통스런 수학은?

7월 10일 엉성한 곤충은?

7월 11일 거사날이 결정되었는데 내가 꼼짝하지 못하는 이유는?

7월 12일 '동반한 여인을 가르치다'를 5자로 하면?

7월 13일 'ONLY LOOKING'을 해석하면?

7월 14일 잔디에 누울 수 없는 이유는?

7월 15일 가장 온도가 높은 음계는?

7월 9일 고난도 수학

7월 10일 빈대

7월 11일 날잡고 있어서

7월 12일 대동여지도

7월 13일 만보기

7월 14일 누워야 자지요

7월 15일 미덥지

• WEEK. 29

7월 16일 '25를 보시오'를 다른 말로 하면?

7월 17일 공장을 때리면?

7월 18일 공에 머리가 있으면?

7월 19일 섬의 미래는?

7월 20일 조선시대 궁궐 여인 중에서 피부가 엉망인 사람은?

7월 21일 장사가 직업인 사람은?

7월 22일 자신이 소라고 하면?

7월 16일 봐이오(Bio)

7월 17일 공장도 가격

7월 18일 골든 볼

7월 19일 섬네일

7월 20일 기미상궁

7월 21일 잡상인

7월 22일 난소

• WEEK. 30

7월 23일 2년 내내 시험을 치고 있으면?

7월 24일 배추를 세다가 중단한 이유는?

7월 25일 위화도 회군을 단행한 군인들의 가장 큰 문제는?

7월 26일 물레를 만 번 돌려야 손에 넣을 수 있는 악기는?

7월 27일 배신을 밥 먹듯이 하는 오리는?

7월 28일 배기가스 공급이 끊어지면?

7월 29일 그 술집에서 술을 마시면 이빨이 망가지는 이유는?

7월 23일 사시사철

7월 24일 포기이니까.

7월 25일 위화감

7월 26일 만돌린

7월 27일 배은망덕

7월 28일 뚝배기

7월 29일 이상한 술집이기 때문에

• WEEK. 31

7월 30일 미래에 사라질 직업은?

7월 31일 알코올중독 방지 프로그램을 수료한 자를 두 글자로 하면?

8월 1일 '돈을 좋아해'를 영어로 하면?

8월 2일 "나의 죽음을 알리지 말라"라는 이순신 장군의 명령을 어긴 나라는?

8월 3일 은을 감춘 사람을 뭐라고 하나요?

8월 4일 정의가 차가운 이유는?

8월 5일 원인에 대하여 기록한 일지는?

7월 30일 사장

7월 31일 주필

8월 1일 아이 돈 캐어

8월 2일 유고

8월 3일 은둔자

8월 4일 just+ice

8월 5일 때문일지

• WEEK. 32

8월 6일 얼마를 가지면 사람이 교만해질까?

8월 7일 어제 난전에서 산 그릇이 흠 투성인 이유는?

8월 8일 술을 가장 많이 생산하는 국가는?

8월 9일 포수가 퍽하고 쓰러지면?

8월 10일 드라마에서 어떤 악역을 하면 시청자들이 돌을 던질까?

8월 11일 문과급제를 다른 말로 하면?

8월 12일 간을 깔고 자는 침대는?

8월 6일 사기그릇이니까

8월 7일 오만불 오만불손해지니까.

8월 8일 수리남

8월 9일 폭포수

8월 10일 주 도적 역

8월 11일 노(no)무사 장원

8월 12일 간이침대

• WEEK. 33

8월 13일 총쏘기가 직업인 사람은?

8월 14일 미국 화폐 가치가 올라가는 이유는?

8월 15일 비가 오면 일어서기가 힘든 이유는?

8월 16일 1,000,000,000,000와 10,000 사이는?

8월 17일 손에서 색깔을 감지하기 어려운 이유는?

8월 18일 보수성향을 띤 거리에 사는 게는?

8월 19일 고스톱 치던 조선 수군이 제일 좋아했던 왕은?

8월 13일 잡탕

8월 14일 달라는 부족한데 달라는 사람이 많아요

8월 15일 비집고 일어서야 하기에

8월 16일 조만간

8월 17일 손색이 없어서

8월 18일 우글거리게

8월 19일 광해군

• WEEK. 34

8월 20일 어떤 술을 마셨길래 마음에 걸렸을까?

8월 21일 성질이 급한 소는?

8월 22일 동굴 안에서 목욕하면?

8월 23일 기우제를 지내고 심어야 할 나무는?

8월 24일 적이 없는 이유는?

8월 25일 빛이 비추는 곳을 선택하지 않은 이유는?

8월 26일 실제는 하나밖에 없는데도 늘 2개 있다고 우기는 장기는?

8월 20일 막걸리

8월 21일 급소

8월 22일 굴욕

8월 23일 가문비나무

8월 24일 들어온 적이 없기 때문에

8월 25일 비추었기 때문에

8월 26일 간간이

• WEEK. 35

8월 27일 지지대 한 개만 사용하여 지은 회사는?

8월 28일 병균이란 역할에 만족하는 균은?

8월 29일 영혼을 내어주며 하는 말은?

8월 30일 X당 비례대표 기호 1번은?

8월 31일 영화의 남주인공이 여왕을 쏘지 않은 이유는?

9월 1일 명문학교를 영어로 하면?

9월 2일 식용오리는?

8월 27일 한보철강

8월 28일 Job균

8월 29일 혼자

8월 30일 당첨번호

8월 31일 안쏘니 퀸이니까

9월 1일 스쿨존

9월 2일 푸드덕

• WEEK. 36

9월 3일 벌이 거짓말 하면?

9월 4일 방탕한 소는?

9월 5일 일본어가 태어난 곳은?

9월 6일 일회용 칼을 다른 말로 하면?

9월 7일 내장이 항상 바르게 위치한 사람은?

9월 8일 3월에 일이 잘 끝나는 이유는?

9월 9일 달이 여러 개 있으면 기억력이 좋아지는 이유는?

9월 3일 라이벌

9월 4일 소문난

9월 5일 일어난 곳

9월 6일 한번도

9월 7일 위선자

9월 8일 마치니까

9월 9일 달달 외우기 때문에

• WEEK. 37

9월 10일 전기를 아홉 번 읽었다를 다른 말로 하면?

9월 11일 '게임에서 패한 지난주'를 다른 말로 하면?

9월 12일 비행기가 적절한 시기에 나타나면?

9월 13일 사람은 도박을 못하게 위협해야 일을 멈추는 이유는?

9월 14일 눈(누운) 사람이 제일 기다리는 날?

9월 15일 참외를 때리면?

9월 16일 항상 명령이 떨어지기를 기다리고 있는 군인의 계급은?

9월 10일 정기구독

9월 11일 진주

9월 12일 적기

9월 13일 다그쳐야 하기에

9월 14일 퇴원하는 날

9월 15일 외치다

9월 16일 대령

• WEEK. 38

9월 17일 해에게 이래라저래라 하면?

9월 18일 잘생긴 말을 뭐라고 부르나요?

9월 19일 옷을 잘 선택하는 사람은?

9월 20일 엎드려서 훔치면?

9월 21일 자신이 어디로 팔려갈지를 아는 꽃은?

9월 22일 구두쇠의 인색한 정도를 서열화하면?

9월 23일 타고 있는 차가 출발하지 않는 이유?

9월 17일 해명하다

9월 18일 말짱

9월 19일 옷고름

9월 20일 포복절도

9월 21일 나팔꽃

9월 22일 염기서열

9월 23일 불에 탐

• WEEK. 39

9월 24일 "술은 '무'다"를 다른 말로 하면은?

9월 25일 이사를 자주 하는 시골 동네 이름은?

9월 26일 혼자 달리기 하는 것이 몸에 안 좋은 이유는?

9월 27일 새가 돈을 때리면?

9월 28일 9개의 안전한 칼은?

9월 29일 자신을 돈으로 환산하는 사람이 하는 말은?

9월 30일 흠이 많은 악기는?

9월 24일 주 무라

9월 25일 왔다리 갔다리

9월 26일 독주(독이든 술이기 때문에)

9월 27일 조치원

9월 28일 안전도구

9월 29일 얼마나

9월 30일 오보에

• WEEK. 40

10월 1일 콩을 심은 후에 마음이 불편한 이유는?

10월 2일 최근에 적이 공격한 이유는?

10월 3일 간이 음식물을 처리하면?

10월 4일 완벽한 구조를 가진 새는?

10월 5일 첩이 오래가지 못하는 이유는?

10월 6일 어리석은 자를 사람들이 좋아하는 이유는?

10월 7일 용기 있는 자만 밥을 먹을 수 있는 이유는?

10월 1일 심기가 불편함

10월 2일 요새이니까

10월 3일 간소화

10월 4일 짜임새

10월 5일 소실되기 때문에

10월 6일 미련이 남아서

10월 7일 용기가 있어서

• WEEK. 41

10월 8일 봉이 김선달이 자주 쓰던 말?

10월 9일 이빨을 목욕시키면?

10월 10일 낙제하여 고등학교도 졸업을 못하면?

10월 11일 좋은 공기가 있어야 일이 잘되는 회사는?

10월 12일 내가 미쳤다는 소문이 알려진 이유는?

10월 13일 구리 값이 떨어지면?

10월 14일 여성들이 화장실 사용시 제일 불편을 겪는 지하철역은?

10월 8일 강자

10월 9일 치욕

10월 10일 잔고

10월 11일 공기업

10월 12일 나돌고 있기 때문에

10월 13일 동떨어진

10월 14일 신사역

• WEEK. 42

10월 15일 활달한 커플은?

10월 16일 큰길에 싼 똥 이름은?

10월 17일 '지옥에서 왔다'를 빨리 말하면?

10월 18일 독일의 옛 수도 본 관광을 다른 말로 하면?

10월 19일 말꼬리를 껴안고 가면?

10월 20일 적이 포위되면?

10월 21일 안전한 개는?

10월 15일 활짝

10월 16일 대로변

10월 17일 왔더헬(What the hell?)

10월 18일 본보기

10월 19일 말미암아

10월 20일 적당함

10월 21일 안전도구(Dog)

• WEEK. 43

10월 22일 아버지가 앉는 자리는?

10월 23일 보청기는 듣는 것을 도와주는 것이다. 그럼 보는 것을 도와주는 것은?

10월 24일 어린애를 빌리는 왕자는?

10월 25일 1+1을 다른 말로 하면?

10월 26일 초등학교 시절 잘하는 것이 하나도 없었던 기억은?

10월 27일 인신매매단이 인질 한 사람을 넘기면서 하는 말?

10월 28일 전쟁에 이겨서 공로를 인정받았으나 감옥 간 이유는?

10월 22일 가장자리

10월 23일 보자기

10월 24일 애꾸는 왕자

10월 25일 이와 같은 때

10월 26일 무수한(수가 하나도 없는) 기억

10월 27일 일인~자

10월 28일 전과자라서

• WEEK. 44

10월 29일 항상 속이 불편한 동물은?

10월 30일 뇌물을 좋아하는 오리는?

10월 31일 소가 정신병에 걸리면 어디로 가야죠?

11월 1일 구리로 창문을 만들면?

11월 2일 스마트 폰을 연결하는 줄은?

11월 3일 매일 소식을 전달받는 곤충은?

11월 4일 수억의 쥐를 대표하는 쥐는?

10월 29일 거북

10월 30일 꿀꺼덕

10월 31일 상담소 가야지

11월 1일 동창

11월 2일 이어폰

11월 3일 전갈

11월 4일 억지주장

• WEEK. 45

11월 5일 소가 죄를 지으면?

11월 6일 이틀 후부터 멍청하게 되면?

11월 7일 낙엽을 태우는 사람이 젊은 이유는?

11월 8일 일일용 칼을 다른 말로 하면?

11월 9일 국내 박사를 다른 말로 하면?

11월 10일 대포를 못 살게 하면?

11월 11일 동물학의 인기가 커지면?

11월 5일 교도소 가야지.

11월 6일 모레무지

11월 7일 연소하기 때문에

11월 8일 하루도

11월 9일 토종닭

11월 10일 포고문

11월 11일 동물학대

• WEEK. 46

11월 12일 위장이 휴가 내는 시기는?

11월 13일 축구 주심의 종료 호루라기 소리가 알람인 국가는?

11월 14일 보안을 홍보하고 돌아다니면?

11월 15일 호랑이가 무전을 받으면?

11월 16일 사약을 내리면서 하는 말은?

11월 17일 '의사가 환자에게 말을 적게 함'을 4자로 하면?

11월 18일 별 두 개인 장성들 모임을 다른 말로 하면?

11월 12일 한가위

11월 13일 중동국가

11월 14일 보안사

11월 15일 수신호

11월 16일 독자

11월 17일 의사소통

11월 18일 소장파

• WEEK. 47

11월 19일 미소 라면의 반대말은?

11월 20일 도움을 줄 때 하는 말은?

11월 21일 개가 먹는 약을 사람이 아무리 먹어도 위의 반만 차는 이유는?

11월 22일 구리를 수송함을 2자로 하면?

11월 23일 해가 제일 긴 날이 하루밖에 없는 이유는?

11월 24일 항상 화가 나 있는 상태의 품사는?

11월 25일 잠자리를 넓히면?

11월 19일 당기소라면

11월 20일 자손

11월 21일 계약위반

11월 22일 감동

11월 23일 하지만

11월 24일 분사

11월 25일 침소봉대

• WEEK. 48

11월 26일 가수 싸이가 좋아하는 자음은?

11월 27일 눈이 왔을 때 목욕을 하면?

11월 28일 본처가 가지고 있는 능력은?

11월 29일 평안이란 말도 표준말이 없는 곳은?

11월 30일 길치, 음치, 그럼 여인을 잘 구슬릴 줄을 모르는 남자?

12월 1일 길이가 긴 품사는?

12월 2일 안전한 군함은?

11월 26일 시옷

11월 27일 설욕

11월 28일 조강능력

11월 29일 평안도(사투리)

11월 30일 여치

12월 1일 명사십리

12월 2일 안전함

• WEEK. 49

12월 3일 몹시 가난한 바닷게는?

12월 4일 부인이 사망했는데도 살아있다고 주장하는 사람은?

12월 5일 당직서다 순직하신 분의 관?

12월 6일 물어뜯으면서 고문하면?

12월 7일 책을 좋아하는 물고기는?

12월 8일 항상 피자를 5조각 주문하는 곳은?

12월 9일 가야국이 발전되면?

12월 3일 없는게

12월 4일 산부인과 의사

12월 5일 당직사관

12월 6일 물고문

12월 7일 북어

12월 8일 오피스

12월 9일 나아가야

• WEEK. 50

12월 10일 '너의 성적은 F다'를 영어로 하면은?

12월 11일 '짝사랑'을 영어로 하면은?

12월 12일 탈 수 없는 배는?

12월 13일 치는 종을 귀하게 여긴 조선의 왕은?

12월 14일 청색이 일만 개 있는 삶은?

12월 15일 소량의 약을 파는 장소는?

12월 16일 대충 까면 못 먹는 것은?

12월 10일 F.DA (F 다)

12월 11일 evoL Love (대칭)

12월 12일 모터 보트

12월 13일 경종

12월 14일 파란만장

12월 15일 약소국

12월 16일 아주까리

• WEEK. 51

12월 17일 항상 긍정의 말만 쓰는 사람은?

12월 18일 이순신 장군의 병사가 드문드문 있어도 승리한 싸움은?

12월 19일 몸종이 무례한 이유는?

12월 20일 대나무 소리를 피하고 싶은 이유는?

12월 21일 책임감이 강한 사람을 다른 말로 하면?

12월 22일 먹는 감이 춤을 추면?

12월 23일 제비가 참새에게 먹이를 양보하는 이유는?

12월 17일 예언자

12월 18일 한산대첩

12월 19일 방자해서

12월 20일 죽음이기 때문에

12월 21일 마타하리

12월 22일 감춤

12월 23일 철이든 새(철새)이니까

• WEEK. 52

12월 24일 군인이 별을 달 수 있는 조건은?

12월 25일 아프리카에서 유리가 매우 비싼 이유는?

12월 26일 상과대학을 나오면 친구가 없는 이유는?

12월 27일 호랑이 목을 죄어 사냥하기를 부추기는 자는?

12월 28일 여러 가지 장기자랑에서 우리 팀이 진 이유는?

12월 29일 술을 마시고 그 자리에 눌러 앉아버린 이유는?

12월 30일 범인이 악하고 비명을 지른 이유는?

12월 31일 기가 넘치고 과해서 다리미질이 요구되면?

12월 24일 장성해야 함

12월 25일 유리한 위치에 있기에

12월 26일 상대가 없어서

12월 27일 범죄자

12월 28일 노래졌기 때문에

12월 29일 안주했기 때문에

12월 30일 악한이었기 때문에

12월 31일 기다림